李昂（朱其華）——原著
蔡登山——主編

紅色舞台

毛澤東的崛起

復刻典藏本

編輯說明：

本書原於一九四六年出版，原書名為《紅色舞台》。今復刻出版後，新增一副書名，作《紅色舞台：毛澤東的崛起（復刻典藏本）》。特此說明。

導讀　朱其華和他坍塌的紅色舞台

楊偉中（政治評論者）

這本《紅色舞台》的作者朱其華，是一位曾投身中國革命洪流、卻被洪流吞噬的的社會主義青年，他一生的曲折路徑、隱秘遭遇與複雜思想，卻是讓中共組織系統、黨史研究者都「說不清楚」（抑或不能說清楚）的謎。

我知曉朱其華此人，是由於一九二〇年代末、三〇年代初的中國社會性質／社會史論戰。一九二七年蔣介石發動清黨、鎮壓革命後，由於對理論分析的渴望、對未來道路的探索，以及革命領導權的爭奪，當時中國左翼知識圈展開了包括社會性質／社會史論戰在內的左翼文化運動。

朱其華（朱新繁）在論戰當中，被歸為立場傾向共產國際支配下、中共幹部派的「新思潮派」，主張當時中國是封建、半封建社會，與有個別托派成員（如嚴靈峰）參與的「動力派」、以國民黨改組派為主的「新生命派」各方展開論戰。

在論戰前後，朱其華（朱新繁）的著作包括了《中國資本主義的發展》、《中國革命與中國社會各階級》（上下等）、《中國社會的經濟結構》、《中國近代社會史解剖》等。

社會性質／社會史論戰的研究論著，對朱其華著墨甚少。鄭學稼在《社會史論戰簡史》中提到「朱新繁就是朱其華，又是抗戰期《紅色舞台》的作者柳寧，他在當日是著作家，日本滿鐵辦的刊物常譯載他的論文」。抗戰初期，中共配合共產國際，曾發動所謂「反托匪漢奸」運動，一方面把從革命馬克思主義立場批判中共的托派打成「匪」、「漢奸」，另一方面又把一些脫離中共和托派組織的、或是有左傾色彩的中共批評者一律打成托派。在捏造的「托匪」名單中，有柳寧、朱其華，鄭學稼在《所謂「托匪漢奸」事件》中提到，柳寧和朱其華是同一人，中共「因為他是在上海最初辦刊物反共者，所以要陷害他」。事實上，朱的著作往往以陳獨秀為批判對象，認為陳獨秀是資產階級的最左翼，而非社會主義革命者，這種觀點當無可能是托派。

中共幹部派理論家、反共宣傳家、中共官方欽定的「托匪」、日本滿鐵刊物（如《滿洲評論》）的作者，如此複雜的「政治面貌」，朱其華到底是誰？

最想解開這個謎團的，是朱其華的長子朱蓬蓬。朱蓬蓬生於一九三四年，自幼和父親分開，一九四九年後，被關押、集訓、勞教、勞改、監管達二十五年，他撰寫《謎一樣的人生》上下兩部，除了描述個人遭遇外，也探討其父的生平之謎。

根據各方材料，朱其華大致生平如下：本名朱雅林，一九〇七年生，浙江海寧人。少時在杭州印刷廠擔任學徒，後參與上海共產主義小組的活動，主要是作為交通員從事地下工作，傳遞訊息，他自稱參加了中共一大（可能是作為邵力子的助手或代表）。

國民黨容共後，朱其華成為跨黨分子，在黃埔軍校政治部工作，後調往張發奎部隊。國共分裂後，參與了南昌暴動和廣州暴動，失敗後回到上海。中共似曾派其出任蘇北的紅十四軍司令，朱未前往，留在上海著書寫作。

朱於一九二九年脫離中共，根據朱蓬蓬取得美國胡佛研究所所藏的傳記資料，一九三〇年被國民黨逮捕，一九三一年獲釋後拒絕參加國民黨，卻仍處在特務機關的監管下。一九三七年，投入西安胡宗南部，在黃埔軍校七分校擔任政治教官，一九四一年遭逮捕軟禁，一九四五年在人為製造的火災中喪生。

朱其華為何遭到殺害？兇手是誰？曾任職於七分校、警總的朱介凡，晚年主要根據朱其華《一九二七底回憶》和軟禁中寫成的回憶錄，寫了《一九二七年狂潮：改變中國的一些人與事》，他「推測」朱其華因言論賈禍，中共透過潛伏在胡宗南部的共諜熊向暉，借國民黨之刀殺人。朱蓬蓬則自稱根據「不願透露姓名的黨內前輩」表示，朱一直是周恩來單線領導的祕密黨員，某些反共言論和前往西安皆出於黨的安排，後因想前往延安而被軟禁、殺害。《紅色舞台》一書則經過「國民黨特務的加工」。

這兩種說法都沒有確鑿的證據，也不全然站得住腳。中共史上身分特殊、甚至具備多重關係、角色的祕密工作者並不罕見，潘漢年、袁殊是最知名者，他們蒙冤遭難，但最終能基本獲得「平反」，朱的歷史卻長期「說不清楚」，可見其特殊與複雜。不能排除，朱雖不願加入國民黨，但對中共的武裝暴動、土地革命路線並不認同（如《紅色舞台》所述），成了無法見容於國共的不同政見者。

了解朱其華「說不清楚」的人生，就比較能了解《紅色舞台》的性質。首先，作者參與國共兩黨，與各方人士多所來往，對一些人事的描述仍可參考，中共官方史家金冲及主編的《毛澤東傳》便曾引用本書中對毛澤東個人形象的觀察。

其次，作者的幾本著作彼此間存在若干矛盾，需要鑑別。他在《紅色舞台》中說自己參加了八七會議，但從朱介凡所寫的傳記中看來，參加南昌暴動的作者幾乎不可能同時出席了在武漢舉行的八七會議。事實上，對比《紅色舞台》和八七會議與會者鄭超麟的回憶文字，就可發現《紅色舞台》的錯漏。

最後，確實無法排除《紅色舞台》部分內容經過「國民黨特務的加工」，如書中所寫上海報人史量才死於中共特務隊之手，便和目前軍統暗殺通說迥異。

根據朱介凡的說法，朱其華在軟禁中，曾寫了十四大冊、百萬字的回憶錄，若回憶錄和其他中共檔案能見天日，朱其華和《紅色舞台》的祕密才有全面破解之日，而從此人此書的幽隱複雜，也可知中國近代史的研究仍需再深入、再書寫。

序

敵機的轟炸使我受了劇烈的震動，而使我不能在醫院裏靜養。在這個活躍的時代中，我靜靜地躺在舖着油布的病床上，這在我是一種最大的痛苦。

當我漸漸兒恢復我的健康的時候，我決定趁這個閑暇是機會來寫一點輕鬆的東西。於是，我就化十一天的時光來寫了這本小冊子。

我從不會過於重視過我自己的寫作的價値，但我也從不會有過妄自菲薄的虛僞。這本小冊子的價値誠然不如九鼎之重，但我相信，總比那些充滿着膏藥氣味的『論持久戰』『論現階段』這一類純粹的抗戰八股能够更切實的提供一些東西給讀者。

當我這部稿子寫好，預備送去付印時，被一位來探視我的朋友取來讀了一遍。他誠懇而莊嚴地勸我把這部原稿付之一炬，他的理由有好幾點．

第一：態度太不嚴肅，對於人物的描寫太辛辣。

第二：揭發陰私，有關政治道德。

第三：『你這部稿子會使讀者誤會是某種壓迫之下不得已而寫出來的，似非出於自願，雖然我知道你是出於自動的。』

第四：在全面抗戰到了第五年的今日，我們應該以盡力來彌縫一切內部的缺點，尚虞不够，更不應該來批判內部，因而引起不幸的結果。

第五：這部稿子的出路，『與你自己很不利，恐怕共產黨要派人來暗殺你的。』

表面地看來，這五點何嘗不是沒有理由，但我卻不以爲然。我的意見是：

第一點我承認我的態度有點不嚴肅，尤其是對人物的描寫確是辛辣。但是，我並不是在這裏作『春秋』，何必扳起聖人說教的面孔？而且，我認爲在這裏的態度雖然有點不嚴肅，但總比『春秋』作者嚴肅得多。他才不嚴肅呢！不是嗎？他『筆則筆，刪則刪』：以個人的意志來歪曲歷史，就這一點說，我實在比他嚴肅得多。我從來就討厭那些白日道貌岸然，昏夜搖尾乞憐的僞君子，我向來保持着那種革命家的坦白，所以我就這樣輕鬆地寫我的文章，何必嚴肅呢？至於描寫人物過於辛辣呢！這一點上說，我以爲我實還遠不及列甯——他罵人才辛辣呢，我們不是僞君子，我們是革命者，我以我的革命者的坦白來描寫這些不肖門徒與叛徒，又何必『筆下留情』呢？

第二點我否認。我對於政治道德的看法是這樣的：永遠站在眞理方面，這是我的政治道德的標準。我以爲：在羣衆面前，赤裸裸的宣佈一個黑暗的反動的陰謀的眞相，是完全合乎政治道德的，因爲他的動機是勸羣衆不要上當。反之，我以爲掩飾這種罪惡來欺騙羣衆，那就是罪惡，那就是最不道德的。

第三點：我承認有一種力量在壓迫我寫這部小冊子，但那不是當局的刀槍，而是我的正義感與我對於革命的責任感壓迫着我寫這部稿子。如果我不寫，我就對不起眞理，對不起眞理，對不起被壓迫者，對不起站在我們面前的渴求眞理的青年。

第四點：我的意見恰恰相反。我以爲眞正的自我批判（眞誠的，切實的，而不是敷衍的甚至拍馬式的自我批判），可以促進團結，有利抗戰。

第五點：我承認有此危險，但我不怕，而且從未考慮及此。如果我怕死，怕被人暗殺，那末就不會在二十年前立志革命了。

不過，我覺得這本小冊子是不夠的，我還準備另外寫一本從理論上來批判中共的小冊子，這，最近期間當就動筆。

李昂　一九四一年春記於重慶北碚療養院

目次

紅色舞台

一　從漢奸汪精衛說起

滿淸末年因刺攝政王未成而入獄的汪精衛，竟當了漢奸——而且是中國三千年歷史上一個最壞最壞的漢奸。最初有人以爲汪精衛當漢奸是一個奇怪的事情，其實一點也不奇怪。汪精衛一向就是地球上最無恥的沒有骨頭的動物。不過在這裏我想提到一個責任問題：汪精衛當漢奸，一切的責任固然應該由他自己來負，但我們還可以進一步的研究，汪精衛爲什麼會當漢奸——除了他自己以外，誰應該對於這個中國歷史上第一個民族罪人的叛變負相當的責任？我的答案是中國共產黨。不知道內幕的人，以爲我是以莫須有之罪加在中國共產黨（以下簡稱中共）身上，是不合理的。其實知道內幕底蘊的人，一定承認我的話有眞理在焉。這裏我們必須說一說汪精衛之爲人，及其怎樣爬上歷史的舞台。

達爾文曾經告訴我們：地球上的沒有骨頭的動物，大多是很聰明的。汪精衛就是一個例子。他很聰明，同時也很漂亮，可是作爲政治舞台上的一個角色的汪精衛來看，那就不堪一談：如果再從政治舞台上把他擠到歷史舞台上，　那他只有表現得比張邦昌劉豫石敬塘吳三桂更其卑汚與更其罪孽深重了。他走上政治舞台倒是很早的。輔助　國父辦民報的時候，已經相當有名；及至『慷慨歌燕市，從容作楚囚』在刺攝政王不成而入獄的時候，少年時代的汪精衛是很有名的。可是就在這個似乎是英勇的行爲上，我們已經看出了他的懦怯——這並不是過分的苛責；革命本來是一種艱巨的事業，必須有像　國父一樣百折不回的勇氣與忍耐力耐心地艱苦地努力下去。但是汪精衛是絕望了——他的政治上或思想上的近視眼始終使他看不清楚他的鼻尖以外的一切，正如布哈林在『史的唯物論』裏面所講的一樣。在滿清末年，正是革命已經接近勝利，甚至就是勝利的前夜，他絕望了，他認爲革命是完全沒有希望了，於是他就以暗殺手段來作一種積極的自殺。關於他暗殺攝政王的動機完全是消極的（由於對革命前途的絕望），這一點，他自已也說過，　國父在『有志者事竟成』（建國方略心理建設）一章裏面，也說到過的，並不是我誣蔑他。暗殺本來不是革命的正當手段，一個眞正的革命政治家決不以暗殺來作他的任務。只有那些患着狂烈的衝動，表面上要裝出勇敢而實際上是很懦怯的人（政治舞台上常常有這樣的人物）才去幹這種盲目的投機的事業。

他入獄以後，沒有好久，辛亥革命就到來了，他出了獄。不久，　國父派他和蔡元培到北京（那時還沒有改爲北平）去接袁世凱，袁世凱有他自己的陰謀，無意南下，但又不能不製造一種藉口，於是就在北京來了一個他自已嗾使的『兵變』，以表示北方大局未靖，他一步也不能離開北京城。這一次僞造的兵變可把沒有骨頭的汪精衛駭慌了。他連忙躲到東交民巷以後，打了一個電報給　國父爲袁世凱作說客，說北方少不了袁世凱，勸　國父將就袁世凱的主張。所以　國父一向就瞧不起汪精衛，認爲他是一個沒有主張沒有見解沒有胆量的人物，因而在　國父生前，始終沒有重要任務交給汪精衛。

國父在致　委員長的信中，也曾說到汪精衛的輭弱猶豫。所以在　國父生前，我們只看到汪精衛當過一任廣東省教育會的會長和改組的中央黨部的宣傳部長，其餘大部的時間，只是跟　國父當秘書——

——他雖然沒有骨頭；但這並沒有妨礙他替　國父挾皮包——從沒有担任過政治上的重任，如廖仲愷胡漢民那樣。

然而他的機會來了，在他說來眞不知道是幸呢還是不幸？當國民政府於一九二五年七月一日在廣州成立的時候，這位從未負過政治責任的人物，居然當了國民政府的主席。這樣，這個沒有骨頭的動物，就由政治舞台轉入到歷史舞台來了。

汪精衞竟一躍而爲革命政府的『元首』，這在他是僥倖，在別人看來，則覺得有點意外。其實這中間有一黑幕，在把黑幕一揭開，就可以看到了他的原形。

在國民政府正式成立以前，一般人的推測，主席不是胡漢民，就是廖仲愷，再不然就是譚延闓。因爲一九二五年春，　國父逝世以後，國民黨一時頓失了重心。那時　委員長專心在黃埔辦學校，對於政治——尤其是對於政權，無暇過問。所以那時的國民政府領袖，論資格應該是胡漢民，因爲當國父北上以前，在韶關督師北伐時他是留守，　國父北上以後，他又是代帥（代理大元帥）。但論當時的威望與實力，應該屬於廖仲愷。他那時身兼十六要職；那時革命政府權力所及的區域，實際上只是廣東的一部分，而他是廣東省政府的主席，在他行政職權上實際已經統治了革命政府所能統轄的區域。而且他又兼任財政部長，財權在握，能够解決經濟問題。他又是國民革命軍的總黨代表，不僅與軍隊有聯絡，而且在軍隊裏面有很高的威望。再加之那時正是民族運動與民衆運動的高潮發展到極高階段的時候（正是上海五卅慘案以後，省港罷工開始之際），他在羣衆中擁有很高的威望；他不僅身兼中央的工農兩部的部長，而且是省港罷工的指揮者和廣東農民運動的支持者，所以無論從那一方面來說，廖仲愷比胡漢民更適當得多。至於有人推想到譚延闓，也是有理由的，這位『政治軍人』（他那時正由建國湘軍總司令改編爲國民革命軍第二軍軍長，但他同時是政治會議的委員）與各方面的關係都很好，而且這位滿清科學時代解元出身的軍長，有長者之風，資望與地位都過得去。可是從沒有人想到一向只是挾皮包的白面書生汪精衞，因爲要推測到他是不近人情的。然而奇蹟出現了，沒有骨頭的汪精衞當了國民政府的第一任主席。

雖說國民政府委員與主席是由中央政治會議推舉的，而事實上，後面還有主持的人。我在前面已經說過，　國父逝世後，因爲那時　委員長還在專心辦理軍事訓練，所以國民黨在黨務與政治方面頓時失了重心，而共產黨員鮑羅庭以客卿的資格，曾經短期間的支配了那時偏安於廣州一隅的革命政權。國民政府第一任的主席，就是由鮑羅庭與共產黨在幕後決定的，他們選定一個最適當的傀儡——汪精衞。這倒並不是因爲他的漂亮，自然更不是因爲他的能力與威望，而是由於他是一個沒有骨頭的動物。因爲那時候我正在鮑羅庭公館裏當翻譯，所以我是淸淸楚楚地目擊了這幕傀儡戲的出現。人家只曉得汪精衞現在做了敵人的傀儡，却不知道他早在十幾年以前已經做過一次傀儡；人家只知道他是日本帝國主義的代理人近衞文麿所豢養的走狗，卻不知道他在十幾年以前就已經失身於鮑羅庭。這一位「東西合璧」的傀儡的第一個牽線人，實在就是共產黨。

中央黨部最初是設在越秀北路的惠州會館內，廖仲愷就是被刺在惠州會館的門前。廖仲愷被刺以後，中央黨部搬到了大東路三十號，那是廣東省議會的原址。大東路的東面，銜接着有一條極短的馬路——東川馬路；東川馬路的東邊，銜接着的是一條美麗的石子路，　委員長廖仲愷和張靜江的公館都在這條路上。

東川馬路也許是廣州最短的馬路（因為我沒有實地測量過所以不敢斷定）了，可是有一個時期，革命政府的重要的發號施令都是從這條短短的東川馬路發出來，因為鮑羅庭（他的正式的官銜是國民政府的高等顧問）的公館在這裏。這是一所堂皇的洋房，從前曾經做過建國粵軍總司令許崇智的公館。但當許崇智做這所洋房的主人時，這所房子在廣州並沒有顯赫的地位。及至鮑羅庭做了這所房子的主人，牠成為廣州的重要地方了，門口汽車總是不斷的，衛兵也特別有精神。這所房子是在路南，西邊是一座小小的東郊花園，西北是東校場，東邊斜對面是到紅花崗的馬路，西邊斜對面是中央黨部，正對面是一個小小的花園和花園中間的一座小小的洋房，名為「可園」，在廣州市上，很少有人知道這就是「無骨動物園」——汪精衛的小公館。可是我們在鮑公館服務的人都知道。

鮑羅庭公館並不是一個私人的公館，而是一個規模宏大的機關。除了兩位碩大無朋的主人——鮑羅庭先生和鮑羅庭夫人，他們都是肥大得可以陳列在上海大世界的「奇物部」供人參觀——外邊有許許多多的「毛子」——我們友邦的顧問（鮑羅庭是總顧問）及眷屬或事務人員。有七個漂亮的俄羅斯小姐在這裏終日不斷的打字，其中頂美麗的那位托爾斯泰小姐就是大文豪托爾斯泰的孫女，她的芳齡才十九歲，（一九二五年）酷愛吃中國的雞蛋與廣州的香蕉。「中國是多麼可愛呀！」她常常嘆惜着說；有時候，她甚至會很天真的說：「我眞想嫁一個中國人呢。」但據我們所知道，她那時似乎正在和黃埔軍官學校的顧問基沙克將軍進行戀愛。這位矮胖的將軍是時常到鮑公館來的。

中國人在鮑公館服務的很不少，除了僕役以外，凡是職員都是中共的黨員。在中共黨內，以派到鮑公館來服務爲「美缺」，因爲這裏薪金一律是每月美金三百元。翻譯的人數，時增時減，最多的時候我記得到過二十一個，最少的時候是七八個；其中要算我服務的時間最長久。這些翻譯，三分之二，甚至四分之三是英文的翻譯，俄文翻譯只占着一個很小的數目，因爲鮑羅庭夫婦和大部分的俄顧問都精通英文。主任翻譯（並沒有這樣一個正式的名義，不過事實上如此）是張太雷——就是後來廣州暴動時的『蘇維埃主席』；翻譯中比較有名的是黃平，熊銳這些人。他們都不是職業的翻譯家。

鮑羅庭的辦公室是一個很大的房間，位置在樓下，面對着一個荒蕪了的菓園，但窗外都是一個精緻的花園，一年四季都開着南國的鮮艷的異花奇卉。一枝芭蕉種在窗外，美麗的綠葉給這個莊嚴的辦公室帶來無限的春意。另一扇窗外則種着一棵棕樹。鮑羅庭對於這些美麗的點綴不感到興趣，但是皮球——這是我們替鮑羅庭夫人取的綽號，她用着一種孩子們的喜悅來愛護這花卉。熱情的托爾斯泰小姐發狂一樣的愛看芭蕉與棕樹，她時常跑去吻芭蕉的葉子。

鮑羅庭有歡喜在他的辦公室裏接見賓客的習慣。這個偉大的辦公室只有四個辦公桌——鮑羅庭顧問，他的助手克林基（一個高大的高加索青年會說一點拙劣的英語和法語），打字員托爾斯泰小姐，翻譯我——就是鄙人，沙發簡直多到數不清楚。在列寧的遺像下面有一把大椅子是他坐着接見賓客的。常到他辦公室來和他談話的除了俄國人以外，中國人有陳延年，蘇兆徵，譚平山這一類共產黨的要員。國民黨的要員中，只有汪精衛一個人是在辦公室中很隨便地——簡直是很不客氣地接見；他接見其他的國民黨要人都是在很莊嚴的會客室，禮貌是很週到。

在這裏我要補說到共產黨要把汪精衛抬出來做第一任的國民政府主席，中間還經過了一度的曲折。陳延年——陳獨秀的長子，是那時中共在華南的最高負責人——與蘇兆徵都主張推廖仲愷，但鮑羅庭和中共的中央政治局却決定了汪精衛。外國縱橫隊的鮑羅庭完全看透了汪精衛的肺臟，他知道這個沒有骨頭的動物是可以隨便拿在手裏玩的，廖仲愷或其他國民黨要人可不能那樣隨便。

鮑羅庭與汪精衛的會見是很頻繁的，大多數的場合是我在場作舌人（汪精衛不解俄語，英文又拙劣到不能直接談話，他只懂法文，而鮑羅庭是不懂法文的）。在我們看來，他完全把汪精衛看成一個孩子。在每次會見的時候，他總是用着一種老長輩或者老上司的嚴厲的神氣，有時竟大聲的斥責他。倒是我們那時很同情這位可憐的『主席』。有一次，鮑羅庭發了特別的氣，很難堪地大聲斥責他，使坐在那個角上打字的托爾斯泰小姐偷偷的對我作了一個鬼臉，把舌頭伸出了一下。他走了以後，托爾斯泰小姐很天眞的問我：『這傢伙今天哭了沒有？』我回答她：『沒有，也許他回到可園以後會痛哭一場。』

在我的記憶中鮑羅庭似乎始終沒有到可園去過，雖然近在咫尺。他需要見汪精衛的時候，就打電話或派人去找，好像上司傳見屬員那樣。汪精衛每次來的時候，總是在笑容可掬的後面帶一種戰戰兢兢的嚴肅。他實在是一個最善於詞令的人；他用着各種各樣的說詞來恭維鮑羅庭，甚至使我翻譯的時候也有點感到難以為情。這種情形我是見慣了的，因而我能夠想像，他去見近衛文麿或其他敵國的大員時，是如何地戰戰兢兢，如何地搖尾乞憐。

給我的印象最深刻的一次，是八月二十日（一九二五年）的晚上就是廖仲愷與陳秋霖（國民政府監察院的委員，他因偶然搭乘廖先生的汽車而與廖先生一同遇難）被刺的那天晚上，他匆匆忙忙跑到鮑公館來，向鮑顧問請示怎樣收殮廖仲愷——穿中裝還是穿西裝。莫斯科還有沒有銅棺材？國葬還是黨葬？

鮑羅庭莊嚴地望着，像一尊如來佛。他一聲不響，在聽完了汪精衛所提的一切問題以後，才開始很粗暴的——簡直可說非常無禮的斥責他；『現在問題不在這裏。死人本身是沒有問題的，中裝西裝都可以，什麼棺材都一樣。問題是應該迅速地嚴厲地去追究這次恐佈事件的背景，和怎樣安排廖仲愷所遺下來的責任。我們應該以恐怖來答覆恐怖，你是國民政府的主席，你知道嗎？你的責任是應該立刻很嚴厲的去撲滅這些反革命派，過去你們對於反革命派是太客氣了，所以才發生這樣的事情，好在現在還來得及，你知道嗎？』

汪精衛唯唯諾諾，誠惶誠恐地出去了。鮑羅庭這一回的訓斥使汪精衛喊出了一個有名的口號：『對於敵人的寬恕就是對於同志的殘酷。』

鮑羅庭用着一種完全不同的態度來接見國民黨的其他要人。當其他要人來訪他或他去見其他要人時，他不僅是和靄可親，而且總是那樣很恭敬的。他接見譚延闓、宋子文、伍朝樞（那時的外交部長），古應芬（那時的廣東省主席），朱培德（那時的軍需部長），大多數的場合是我翻譯的。他總是那樣的謙恭。就是白崇禧以廣西軍參謀長的資格來拜訪他時，他也是很謙恭的接待。他平時對於他手下的工作人員，也都是非常客氣，只有對於汪精衛，他簡直像一個暴君。

汪精衛的忍耐力是可佩的。他始終忍受着鮑羅庭對他的凌辱，他不僅對於鮑羅庭始終小心翼翼，就是對於我們這些翻譯，也始終是那樣客氣。見面的時候總是很親熱地問候『李先生您好。』而且熱烈地握手——這位漂亮的天眞爛漫的政治家生理上有一個特徵，他的手上長着很多的毛，像歐洲人一樣，握手的時候，使對方如握到了一隻猪蹄。托爾斯泰小姐因此斷定他是中西混血兒的雜種。

一個中共的不重要的黨員李之龍——他是黃埔軍校第一期的學生，那時任中山艦艦長兼代海軍局局長——的疏忽，暴露了中共某種陰謀，就在一九二六年的三月二十日那天，廣州發生了一個小小的事變，就是有名的中山艦事變。這個事變的一個最重要的結果，就是汪精衛逃到了法國：國民政府主席由譚延闓代理（那時廖仲愷已死，胡漢民在海外）。

共產黨對於由他們一手扶植起來的『主席』的逃跑，當然感到傷心。一個多情的主人失了一隻可愛的狗，尚且要瘋狂一樣的找幾天，何況這位天眞爛漫的政治家是這樣地出於共產黨。因此，在他逃跑以後，中共就來了一個『迎汪運動』。這個運動愈來愈熱烈。他們簡直把汪精衛描寫成一個革命的聖人，大有斯人不出，如蒼生何之感，彷彿只要他一回來，中國革命立刻就可以成功。這種機會主義的毒在共產黨裏是種得很深的，而且很廣泛地傳播到一般青年中間去。

這樣這個沒有骨頭的動物汪精衛，不僅有了歷史上的地位（國民政府第一任主席），而且意外地在羣衆中獲得了完全和他的實質不相稱的盛大的聲譽。因此，我們可以說，汪精衛的地位和聲望完完全全是共產黨盲目地捧起來的。

這種完全意外的，突如其來的聲譽，掩蔽了汪精衛的聰明，使他自己得意忘形，以爲中國非我當領袖不可了。這種舍我其誰的氣概，是他當漢奸的一個很重要的動機。因爲，他雖然意外地獲得了很高的地位與聲譽，但這究竟和他的能力道德人格是完全不相符的。這樣他不得不到處碰壁，一敗塗地。但是他還把自己看到很高，以爲只有他自己配當領袖，當不到領袖，就到處亂鑽，到處反動，最後不惜賣身當了豬仔。這裏的情形非常明白，如果當時共產黨不利用他當傀儡，如果當時共產黨不在「迎汪」聲中把他捧成聖人，那末，他就沒有這麼大的虛榮心，也不會墮落到這種地步；敵人也不會抬他出來當傀儡。

所以汪精衞之當了敵人的傀儡，在我看來是一點也不奇怪的，因爲我遠在十幾年以前就看慣了他的奴顏婢膝。那時候，他就已當了別人的傀儡。這個沒有骨頭的動物，簡直是一個天生的傀儡。對於這樣一個沒有骨頭的動物，原是不足深責的，奇怪的共產黨不僅利用他做過傀儡，而且曾經把他當作救主一樣的捧過。所以今日汪精衞之出賣民族利益，中共是應該負很大一部分的責任。

二　八七會議的真相

關於共產黨內部的事情讓我們從八七會議（一九二七年八月七日在武漢召集中央緊急會議）說起。一方面，因爲八七會議以前的中共，的確比較上軌道，雖然不是沒有缺點，但總是笑話少得多。另一方面，誠有如以後中共方面所宣傳，八七會議在黨的歷史上是一個劃時代的轉變，的確，這是一個劃時代的轉變。八七會議以後的中共，和以前的中共是完全不同的。朱其華對於這個轉變曾作過理論的說明，他以爲八七會議以前的中共，是一個左派資產階級所領導的政黨；八七會議以後的中共，是小資產階級盲動主義的集團。這話大概是對的，不過我不想在這裏來關於這個問題作理論的分析。因爲我是目擊八七會議的一切眞相的人，我不僅像一般的觀衆那樣在台下看到了這幕戲，而且在幕後看到了他們的化粧與排演，甚至更遠一點看到了這個劇本的撰述。現在，讓我來說一說這個「神聖」的八七會議的眞相吧。

這件事情可不是汪精衞當傀儡那樣的簡單，要詳細敘述起來，也許我們可以說成像紅樓夢一樣厚的小說，然而我不能這樣做，一則我現在沒有這樣多的時間，再則現在油墨紙張都很缺乏，我不想在這個時候來出一部『大書』，只能簡單的爲一點出來。

我完全承認八七會議的重要性，因爲八七會議不僅完全推翻了以前的路線，而且八七會議所決定的新路線——朱其華稱它爲左傾機會主義的盲動主義，這是很對的——一直執行到一九三七年，甚至直到現在還保持着這種新路線的根本精神。可是如果我們要說八七會議如何『神聖』，那未免是對於歷史的嘲笑。我要告訴大家——如前所說，深知道這幕戲的內容的我要告訴大家，這並不是一次神聖莊嚴的會議，這不過是一個陰謀篡奪的騙局。不過自來新統治者於陰謀篡奪的騙局總是說得那樣神聖莊嚴：曹氏與司馬氏篡奪了漢魏的江山據說是取法於堯舜的傳位；趙匡胤從周室的孤兒寡婦手中取得了天下，據說部下兵士硬要强迫推舉。八七會議之被描寫成一個神聖莊嚴的會議，不亦宜乎。

不曉得算是我的幸運還是不幸？當我目擊了沒有骨頭的動物汪精衞在鮑羅庭公館爬進爬出以後，緊接着又目覩了八七會議這幕怪劇。

甯漢分裂（一九二七年四月）以後，鮑羅庭當然是在武漢政府一方面的。他的公館在武昌的『湖上園』這個地方，比起廣州東川馬路的鮑公館來，有着完全不同的姿態。這裏有眞山眞水，風景之佳，在武漢久推第一，但是洋房沒有廣州的漂亮。武漢時代的鮑公館還不及廣州時代熱鬧了。『皮球』

——那位碩大無朋的鮑羅庭太太在津浦路上被張宗昌捉了去，這位狗肉將軍是一隻可怕的動物，到了他手裏的女人的運命是可怕的。雖然鮑太太是一個毛子，而且芳齡已經到了做祖母而有餘。爲了這件不幸的意外，鮑公館終日籠罩在濃烈的愁霧中。尤其使我們感到惆悵的，是天眞活潑的托爾斯泰小姐到德國去了。張太雷留在廣州没有來。不久，汪精衞坐着一隻小火輪溯江而上，到武漢來了。他依然在鮑公館爬進爬出，不過他住在漢口，鮑顧問也時常到漢口去，湖上園是很寂寞的，我們只得白天對桃花嘆息，晚上對着月亮唱歌。

武漢政府坍台了，鮑羅庭取道西北，到俄國去了，湖上園經過了一個短時期的荒廢，被阿彌陀佛的佛教將軍的幾個姨太太佔據了。

在黨的命令之下，我調到了中共的中央書記局服務，因此我正好趕上了八七會議這幕可哂的喜劇。會議的本身實在是不値得描寫的，因爲會議的時間一共不到兩個鐘頭——對外宣傳說四個鐘頭是應該打一個對折——出席的人一共只有十三人（瞿秋白曾爲這個不祥的數目嘆氣），而且只有三個是眞正的中央委員，另外十個是隨便拉來湊數的。我們必須從牠幕後的化粧說起。

八七會議的劇作者、導演、主角，甚至跑龍套打邊鼓招待顧客的案目的，都是瞿秋白一個人兼任，所以要講八七會議不能不從瞿秋白說起。

瞿秋白並不是在八七會議以後才有名的。在八七會議以前，他已經是中共黨內有名的『文章家』（但不是理論家或思想家），雖然他的文章拖泥帶水，寫得並不好。更遠一點，他是中國文學研究會的不十分有名的會員，在商務印書館出版過『新俄遊記』和另外一本被我忘記了書名的書。更遠一點，他是當時最反動的研究系的一個無名小卒。

他在北京（那時尙未改爲北平）的俄文專修館畢業以後，到俄國去跑了一趟。別的留學生是到外國去鍍金，他是到外國去「染色」。在列甯的染坊裏，把這位白面書生染成了赭紅色。他就成爲中共的一員。

這個人大概不是沒有長處的，至少是他對於女人很有辦法。那時還很年輕的丁玲女士（雖然年輕，但已不是眞正的小姐，所以我稱她爲女士），一見就愛上了他，但是他却愛了沈玄廬的媳婦楊之華。丁玲女士在失戀以後，寫了一部中篇小說「韋護」（一直到現在，開明書店還有這本書出賣），其中的男女主人翁就是瞿秋白和她。

他與楊之華的戀愛及其成功，表現了他的陰謀的天才。在八七會議中，他把這種天才高度地發揮起來，得到了成功。本來楊之華是沈××（恕我忘了他的名字，他是有名的沈定一的兒子）的夫人，瞿秋白頗費了一點不十分大方的或不是正大光明的手段，把她奪了過來。在他們正式結合（不待說，先行交易者久矣）的那天，上海民國日報上並排登載着三個廣告（不化廣告費的廣告），第一個廣告是沈××和楊之華的離婚啓事，不過說離了婚，彼此依然還是很好的朋友；第二是瞿秋白和楊之華的結婚啓事；第三是沈××瞿秋白兩人的共同啓事，據說他們始終是很好的朋友和同志。在這裏，我們可以看瞿秋白是玩了一些什麼手段。

那時候的中共，實際上還只是一個文化小組，至多只能說是一個革命的小團體。瞿秋白在黨內的地位是很矛盾的，一方面，因爲他懂得俄文（那時黨內懂俄文的人是非常缺少的；莫斯科的中山大學還沒有辦，東方大學的人數不多），所以與國際代表接近機會多，無形中抬高了他的地位，另一方面，他實在是一個白面書生，沒有實際工作的能力與經驗，除了會寫些拖泥帶水的文章以外，幾乎無所表現，因而他在黨內，雖然是歷屆的中央委員，但威望總不能增高起來。在黨內，他僅僅得到了一個『文章家』的尊銜（而和他對抗，爲他所瞧不起的彭述之，却被黨內尊爲理論家），最使他傷心的，是他在理論上始終不能有所闡揚。一部厚厚的洋裝的馬克思的資本論，白天弄昏了他的頭腦，晚上用來作爲枕頭，以表示他的用功。在中央，他最厭惡彭述之，因爲這小子居然也懂俄文（彭述之是莫斯科東方大學第一批八個中國留學生中的一個），而且因爲他在俄國學的道地的俄文，比瞿秋白在中國學的，發音更正確得多，更其傷心的，人家竟尊他爲理論家，而自己只被稱爲『文章家』。因此，在八七會議以前，秋白總是極力地設法打擊述之，甚至打擊述之的夫人陳碧蘭。五大（一九二七年五月中共五次全國大會的簡稱，下同）以前，瞿彭的對立達到了最高峯。彭述之以中央宣傳部長的地位，出版了一本題名爲『中國革命的根本問題』的小册子，瞿秋白就出了一本題名爲『中國革命的爭論問題』來和他對抗。但是秋白這本小册子當時並沒有得到黨的正式的許可，所以只是私自出版，分送給同志們，因而讀到過這本小册子的人很少。我是讀到過的，覺得彭瞿這兩本小册子的內容同樣的空洞。

瞿秋白第二個討厭的對象是陳獨秀。因爲陳獨秀顯然並不十分尊重他；獨秀的壓力，使他不能取得黨內他想取得的地位。在五大之前，秋白曾有一個規模相當宏大的計劃，預備在五次大會上推翻陳獨秀，擁護李大釗來當領袖，這樣就可以改變他在黨內的地位。因爲他知道獨秀這個人是很有點蠻勁的，他絕對不能操縱獨秀這一點，秋白是有自知之明的。他以爲一個有長者之稱的李守常教授，一定容易把握，而且他（大釗）一向住在北京，一向參加國民黨中央的工作，不熟悉共產黨中央的情形，他到中央來當總書記，自已就可以完全操縱他，再慢慢兒取他而代之。可是這個偉大的計劃並沒有實現。秋白預約好了爲他搖旗吶喊的一些嘍囉，因爲清黨關係而不能趕到武漢來出席五大，李大釗又在北平被討赤大元帥張作霖從蘇俄大使館捉出來絞死，而陳獨秀在大會上依然風頭十足。這樣，秋白也只好暫時放棄了他的計劃，以待將來的機會。

五大以後，他被推選爲中央（中共的）農民部部長，這對於他是很不適宜的位置。這位白面書生一向養成了一種高等華人的習慣，雖然當了中央農民部長並不需要自已實地到農村中去工作，但單是農民這兩個字就會窒息了這位貴族的布爾喬維克的呼吸。他痛苦地準備反抗。果然，不久就來了。

五大閉幕兩個月以後，武漢政府也清黨了。中共的大部分的要員跟着賀龍葉挺的軍隊到了江西，參加了七月三十一日晚上的南昌暴動。在武漢的中共，被唐生智汪精衛的清黨，陷於極度的混亂狀態中，陳獨秀很狼狽地由漢口遷到武昌，又由武昌遷回漢口，瞿秋白就在這個混亂狀態中來施展他的陰謀。他勾結了一個最卑鄙的傢伙——本來是在長江裏划划子的向忠發，關於這位先生，我在後面還要說到。同時還有一個中央委員李維漢附和他，於是他在一切都計劃好了以後，趁陳獨秀那天正率領中央書記局幾個人員逃到漢口鄉下去躲避的時候，在漢口日本租界內召集了一個中央緊急會議。那天是八月七日（一九二七年），所以被稱爲八七會議。

會議是在極度匆促中舉行的，一方面怕日本巡捕把他們（其中也有我，因爲那天我是被莫明其妙的拉去參加了會議）捉了去，另一方面又怕被陳獨秀所發覺。因爲這次會議在黨的組織章程上說起來是完全非法的，在紀律上說起來，不僅是超組織的，簡直是一種叛變。照黨的組織章程所規定，中央全體會議須由中央政治局召集，而且須有三分之一以上的委員出席。這次會議是瞿秋白瞞了中央政治局而私自召集的——各級委員私自召集委員會議是黨的紀律所絕對不能容許的。而且出席的中委只有三人：瞿秋白，向忠發，李維漢。

出席的人員，一共是十三個，但也可說只有九個，因爲其中四個是到了將要散會的時候才來的。除了三個中委外，其餘的十個，大都是中央的工作人員（有兩個是全總的工作人員）。我那天因爲留在漢口辦理中央撤退的工作，也莫明其妙的被拉去參加。大部分的出席人員和我一樣，事前一點也不知道是什麼一回事，只是接到了中央政治局召開會議的通知，就來參加會議了，做夢也沒有想到這是瞿秋白假借中央政治局名義召集的，更想不到在這次非法的會議上要演出一幕推翻陳獨秀的喜劇。因爲中央召集會議所發的通知，照例是具一個代名詞，旣沒有關防，也沒有鈐記，要冒名假借是很容易的。瞿秋白曾做過中央政治局的委員，所以他知道這門檻，其實那天到會的人，連半個中央政治局委員都沒有。

會場是日本租界的一個普通衖堂房子的樓上，用兩個方桌子聯起來，疏疏落落的坐着一個主席和十二個出席者。主席當然是瞿秋白，那天他的精神顯得很緊張，一種『做賊心虛』的神態充分地表現在他的面孔上。他的西裝倒是挺漂亮的，一件反領的法蘭絨襯衫的顏色鮮艷到使人見了有點飄飄然，和他的年齡與容貌是完全不相稱的。也許在丁玲女士的眼中，他是一個美男子，其實容貌憔悴到好像是一個『煙槍』（鴉片鬼），又好像是肺病到了第三期（實際上，他的肺病的確已經到了第二期）。他消瘦得只是皮包着骨頭的面孔，到處顯現着青筋；眼睛是凹了進去，牙齒帶有黑色。

他用着一種母鷄叫喊的聲音，宣佈開會。講了三句話，就要喝一口水。宣佈開會以後，就歇斯的里的把中共中央大駡一頓。不容許別人有插言的機會，他就宣讀了早已預備好了的『八七緊急會議告全黨同志書』。不待說，這篇文章是出於他的手筆（我們現在還可以在『紅色文獻』中看到這篇冗長得使人頭痛的文章）；他的那種拖泥帶水的特殊的作風，使人讀了以後，起了一種好像吃白米飯的時候飯裏都是沙石子的不痛快的感覺。

這篇『告全黨同志書』足足宣讀了八十分鐘的時間。八月初旬的漢口的天氣熱得使人發昏，尤其是我們十幾個人擠在一個小房間內，密不通風，甚至不能透氣，因爲怕被日本警察發覺了，所以把八面窗子都關得緊緊的。這眞是難受！中央黨報編輯委員會的一位同志當場就昏了過去，幸而他後來又像耶穌樣的復活了。

其實這種惡劣的氣候與惡劣的環境，對於瞿秋白倒是十分有利的，不僅由於這個肺病患者和其他的肺病患者一樣，有着忍受高温度壓迫的能力，主要的是在於惡劣的——酷暑的天氣和不通空氣的房間把人們的頭腦弄昏以後，他就可以爲所欲爲了。八七會議之所沒有發生爭論，這可以說是一個最主要的原因。因爲當他把告全黨同志書宣讀完了以後，大家差不多將要死去了，彼此有一個共同的概念只希望這個斷命的『緊急會議』快點結束，以使出去吹一點涼風和吸一點新鮮空氣，那對於我們眞比中國無產階級明天就告成功還要重。所以八七會議實際上並不是一次會議，因爲會而不議。

『神聖的』『劃時代的』八七緊急會議就在極端悲慘的空氣中結束了。瞿秋白用緊急會議的名議寫了一封信給陳獨秀（這封信是由我帶去的，牠在我的生命史上留下了一個汚點），宣告舊中央已被推翻，新中央業已成立。其實那天會議根本就沒有宣告舊中央的死刑和推選出新中央人選。使我覺得奇怪的，是陳獨秀竟無條件的接受了他的要挾，把自始就由他家長式的統治着的黨交了出來。

瞿秋白與向忠發他們私自成立的「中央」，取消了從前的總書記制度——這是因爲瞿向兩個人都自覺到自已還不配當總書記，而又不願把這寶座讓給別人——改爲常委制，當然，瞿秋白向忠發李維漢都是常委了。

瞿秋白這一次的陰謀是完完全全的成功了，而且簡直可說是出乎意料之外的成功了。他的成功的原因由於下列各點：

第一：那時中共中央雖然還設在武漢，而在武漢的中委，實只有陳獨秀瞿秋白向忠發等寥寥三四人。當時中共委員（其中也有極少數並非中委）的分佈如下：在江西的有李立三，張國燾，彭湃，惲代英，高語罕，譚平山，林祖涵，韓麟符，吳玉章，周恩來，徐特立，方維夏，葉挺，劉伯承，朱德等等。在上海的有蘇兆徵，鄭超麟，尹寬，項英，許白昊，鄭福泰等。在廣州有張大雷，黃平，穆蜀山，楊殷等。在湖南的有毛澤東，劉少奇，郭亮，夏曦等。在北平或北方的，有陳喬年，羅章龍等。瞿秋白就利用了這個千載一時的機會，來這一下。

第二：當時的武漢是在極度恐慌與動搖中。中共是在和平的民族運動中發展起來的黨，在此以前，牠還沒有遭遇過嚴重的摧殘，武漢當局的淸黨是來得那樣突然。尤其是賀龍葉挺的軍隊於中共領導之下在南昌暴動以後，武漢對於共產黨的壓迫是更加嚴厲了。八七會議的前夜，所有武漢大大小小的黨員都惶惶如喪家之犬。於是瞿秋白就趁混水來摸魚。

第三：陳獨秀的機會主義的領導的確有使人不滿的地方，所以對於反陳獨秀的運動倒容易得到表面的成功。

第四：由於歷史的和地方性的關係，向忠發在武漢黨員中有相當的潛勢力（因爲他不僅是湖北人，而且一向在武漢工作，直到八七會議以後才離開）；反之，陳獨秀在這裏的勢力是脆弱的。向忠發附和了瞿秋白，瞿秋白才能成功。至於向忠發之所以要附和瞿秋白來倒陳，他有他的打算。這位卑鄙的划船夫雖然胸無點墨，但他有着很大的野心。他想他「無產階級」的身份（不待解說，他是完完全全不懂得馬克思列寧主義的，因而他不了解無產階級的定義；他不知道像他這樣一個落後的手工業者，一個水上的苦力，並不能列入無產階級之林），做黨的首領。但他知道陳獨秀的厲害，在陳獨秀面前，他是不能稱王的。他要實現他的當首領的野心，必須先推翻陳獨秀，瞿秀白這個白面書生是他一向所輕視的，但卻是他要利用的最適當的工具，他利用了瞿秋白來推翻了陳獨秀，則他在黨內的地位自然會增高起來，至少將來對付瞿秋白，那是很容易的。他對於陳獨秀不僅懷着才望的妬忌，而且因爲陳獨秀不把全總（中華全國總工會的簡稱）的委員長拿給他而給了蘇兆徵，使他感到痛心的不滿。在黨的五次大會上當選爲中委以後，他還想在第四次全國勞工大會（是在黨的五大以後接着在武漢舉行的）以後當全總的委員長，可是位置被蘇兆徵取去，他只取得了一個湖北總工會委員長的位置。爲了這件事情，他深切地痛恨陳獨秀。至於瞿秋白之要拉攏向忠發，一方面是利用他的一點力量，另一方面，亦以這個目不識丁的苦力（後來，在黨的中央機關報「布爾塞維克」及「紅旗」上面，我們看到了許多向忠發的文章，其實都不是他做的，他連簽他自己的名字的能力都沒有），可以完全掌握自己手裏。他們這兩個人（瞿向）是兩副心場，一樣打算。

第五：如前所述，那天，會場上不通空氣，熱得使人發昏，也是瞿秋白成功條件之一。關於八七會議後的新中央做了些什麼事，在後面我們將簡單的寫到一點，不過在這裏要說到的一點，是瞿秋白在八七會議中雖然獲得了表面上的成功，而實際上，他在黨內的聲望反而降低了，因爲大家看到他在取得了黨的領導權以後無所表現，反而充分地暴露了他的庸俗與無能。可是，他却在八七會議伏下了殺身的禍根。雖然在八七會議以後，他是表現得那樣地懦弱無能，可是八七會議究竟使他成爲黨內的「歷史上人物」，就因爲這一點，後來掌握了黨的領導權的毛澤東非置之死地不可了；正和歷史上新得天下的皇帝必須把前朝的廢君殺了一樣，所以「二萬五千里」的時候，毛澤東把他留在福建，這個長滿着龍眼與荔芰的美麗的地方對於他實在是「死地」，而他又只一個書生而不是軍略家，不能如兵法上的「置之死地而後生」於是他被捕了——這是必然的結果，毛澤東雖非傳奇中的諸葛亮與劉伯溫，但早已料到了這一着。於是他只得在那篇「多餘的話」中嘲笑了自己一頓，又讚美了中國的荳腐以後，伏屍在福建的刑場上了。

在他死了以後，上海北四川路底的內山書店（日本人開的書店）陳列着一部美麗而奇怪的書，書名題爲「海上述林」，沒有作者和出版發行的地方。全書是精裝的上下兩冊。無論是紙張，印刷裝訂，都是最考究最美麗的，至少，這部書是我生平所看到的印刷紙張最最美麗的一部。這就是瞿秋白的遺作，由魯迅替他編起來，而且由魯迅託日本人送到日本去付印，所以鉛字也是日本鑄的。不過那是後話，關於他——這位丁玲女士心目中的「韋護」而自己自稱爲「何苦」（何苦是他的筆名）的瞿秋白，我們在後面還有許多機會提到。

三、瞿秋白與新「中央」

瞿秋白巧妙地取得了黨權以後，又很巧妙地在豫豐錢莊提出了一筆七萬六千元的中央政治局的存款。這筆存款本來是用「裕記」的名義存進去的，支款的書柬圖章保存在陳獨秀這裏，八七以後，他簡直是用時遷白勝的手段把這個書柬圖章盜取了過來。於是新中央就在漢口冠冕堂皇的佈置起來，而且成立了幾乎是屬於瞿向私人的「特務隊」。新中央的大本營設在漢口的法租界，那是一所月租一百七十六兩銀子的小洋房。秋白自己則住在日本租界——那時候日本帝國主義對於中共不僅是很客氣的，而且簡直用各種力量來保護着他們。漢口的中共要人大多住在日本租界，像繳了保險費似的。重要的會議也大多在日本租界舉行。最重要的滬漢間的中共要人的往來，不僅多坐日本輪船，而且有時還公然乘坐日本的軍艦。在武昌，新中央也設有機關。舊的湖北省委當然也被瞿秋白「革命」革掉了，新的湖北省委成立了，當然是秋白的親信當了書記。

一切的進行都非常順利：幼稚的政治水準低下的中共的各下級黨部「擁護」了八七會議的綱領。最重要的是新中央迅速取得了國際的批准。國際（第三國際）的毛子們對於中國的事情原是莫明其妙的，但他們討厭陳獨秀的「固執己見」是很明顯的。在陳獨秀領導下的中共的不馴順，是共產國際不能忍受的。陳獨秀那時雖然已經五十幾歲，而且在黨內一直被稱作「老頭子」，但他的天眞地以爲國際眞正是很「民主」的，所以他時常和國際鬧一些小撇扭。列寧在世的時候，這是可以的。可是在列寧死後，卻不能再容許下去，恰好瞿秋白湊趣地來了這麼一下——八七會議。在反機會主義與擁護國際路線的口號之下，拍上了馬屁，於是莫斯科的第三國際迅速從無線電拍來批准新中央八七會議所決定的新綱領。

現在，瞿秋白的中央是堂堂皇皇成立了。一九二七年冬天在莫斯科出版的第三國際機關報「共黨國際」上，登着秋白的照片，而且稱他無產階級的「新」領袖。

雖然如此，總得有所表現才好。單是改組幾個省委是不夠的。反機會主義不僅在口頭上，而且應該在實際上表現出來。於是，天才的瞿秋白發明了「暴動」，而且是「武裝暴動」。於是，的的確確，實實在在，並不含糊，中共的政治路線完全轉變了，現在是暴動，暴動，武裝暴動。

武裝暴動原不是瞿秋白發明的，說遠一點，有羅馬時代的斯巴達卡斯領導的奴隸暴動；說近一點，有俄國的紅十月的暴動和德國的斯巴達卡斯團的暴動。就說我們中國吧，陳勝吳廣以前一定也有過不少的暴動，陳勝吳廣以來是更多了，多到數不清。不過我在前面說是瞿秋白「發明」的，這倒並不是拍他的馬屁而，是他的暴動方法與衆不同。既稱爲武裝暴動，總要手握武器；在瞿秋白，則不僅沒有武器也要暴動，甚至沒有人也要暴動。所以瞿秋白的暴動政策是「無暴不動，無動不暴」。馬克思在批評一八七一年 法國的無產階級暴動（巴黎公社）的小冊子（「法蘭西內戰」）中曾說「暴動是一種藝術」。這句話成了一句格言，恩格斯常常提到它，列寧則不只幾千次的提到牠。大概瞿秋白式的暴動，眞是發展到了暴動藝術的最高峯。

瞿秋白以中央的名義，命令各省市委「立刻」就地發動暴動。但他又覺得要人家動而自己不動，又有點不好意思，於是他又決定親自出馬到岳州去指揮「兩湖秋暴」（兩湖的秋收暴動）。這個名義是冠冕堂皇到極點，使人家相信瞿秋白眞行，能夠自己去幹；其實據我所知道的（絕不是以小人之心度君子之腹），瞿秋白到岳州的最重要的動機，還是因爲武漢這幾天空氣實在太緊了，當恐怖發展到高峯的時候，瞿秋白不能不設法躱一下，因爲秋白一向把自己的性命看得很重，尤其是現在，他覺得他是「以一身繫一黨安危」，自然不能不更愼重一下。岳州那時的環境是很奇怪的，當時的駐軍××師××團，裏面有很多黨員；而且當時岳陽縣的縣長也是一個左傾色彩很濃厚的人物。所以瞿秋白到岳陽，簡直可以保險沒有毛病。

他是好整以暇的，雖然是以暴動總指揮資格到了岳州，但却很悠閒地先遊山玩水一下。這位「革命家」始終有點名士派的氣味。在岳陽樓上看洞庭湖，這浩浩蕩蕩的洞庭湖感動了他，觸動了他的詩興，他就做了一首新詩，我現在還能記得題目是「面對着偉大的洞庭湖」。這首詩是好到了極點，只是可惜我現在只記到一句：

啊！偉大的洞庭湖呀！

你瞧！這是多麼雄壯的詩篇！只有「偉大」的瞿秋白才能寫出「偉大」的「面對着偉大的洞庭湖」的詩。

然而瞿秋白這一次是完完全全失敗了。「兩湖秋暴」在他的領導之下，除了湖南的毛澤東，領導一部分農民自衛軍總算暴動了一下，而且立刻土崩瓦解以外，其餘預備暴動的地方連動也沒有動一動。

他原來的計劃是相當偉大的——這裏，我們不能不很抱歉的指出：他是上了毛澤東一個小小的當。毛澤東向他保證湖南至少可以發動十萬的武裝農民，奪取湖南的政權是輕而易舉的，於是這位天眞的革命家就打了一個更誇張一點的電報到莫斯科，（這個電報是經過我的手發出去的），向國際報告說湖南可以發動一百萬武裝的農民。後來我們看見毛澤東的農民自衛軍總計不足五千人。

在湖北，他原來計劃（而且的確已經化了不少的錢）收買宜昌和武勝關附近的一部分雜牌隊伍與土匪，作爲武裝暴動的主力，可是實際上却什麼也沒有表現出來。

『暴動』失敗以後的毛澤東，把一點殘餘的農軍竄到窮山深谷中『游擊』去了，單只是把這位『總指揮』丟在岳州，狼狽萬分，已再沒有情緒詠『啊！偉大的洞庭湖呀！』了。岳州顯非久居之地，於是他又回到了漢口的日本租界。當他回到漢口以後接到了一個驚人的消息：陳獨秀沒有經過黨的許可，擅自回上海去了。這不僅使他震怒，尤其使他恐慌，因爲他自己知道基礎並未鞏固，而陳獨秀的潛勢力還很大；尤其是在他這次岳陽的出征失敗以後，他更感到陳獨秀的存在大大地威脅了他。他究竟還沒有後來李立三的魄力，還不敢自己動手，來開陳獨秀的刀，於是他一面打電到上海給中央政治局的上海分局，要他們『防範陳獨秀的陰謀』；另一方面，打電到莫斯科去報告陳獨秀的罪狀，要求國際召他到莫斯科去淸算他的機會主義的錯誤。關於這一着，他總算成功了一半：國際打了電報（這是命令！）來召陳獨秀去莫斯科，但是陳獨秀抗命不去。

正當瞿秋白函電紛飛，張皇萬分的時候，陳獨秀像幽靈一樣地在漢口出現了。這使得瞿秋白驚喜交集。陳獨秀沒有『逃往上海』他可以高枕無恙，不過紛飛出去的函電表現他的極度的張皇，他內心感到慚愧。

陳獨秀雖然沒有去上海，但瞿秋白看清，在武漢終於是不能立足的，說不定明天就會被捕，也說不定明天上海又出現一個中央。這兩者對於他都是不利的，於是他決定仍舊『遷都上海』。

他以重金向日清公司包了鳳陽丸上的兩個華貴的房間——有矮子保險的房間，太太平平，一路風順地到了上海。這就是說，中共的中央又遷回上海來了。

遷回上海的中央，依然是在瞿秋白和向忠發兩個人手中。李維漢這個時候已經知道上了瞿秋白的當而跑開了，不過新增加了一個劉少奇——他是全總的黨團書記——和蘇兆徵。但這並沒有妨礙到瞿秋白向忠發的地位。蘇兆徵雖然是一個可怕的勁敵，但那時正在生着一種一時不能好起來的病。劉少奇是一個滑頭，『有奶便是娘』，他並沒有和他們爭領袖的慾望，所以他們也不來妨礙他。

但是，一大批的要員回到上海來了，那是南昌暴動失敗以後的一羣『革命委員會』的首腦部。除了惲代英葉挺被命令留在香港參加廣州暴動，彭湃已回海陸豐外，其餘如李立三，周恩來，張國燾，譚平山，林祖涵，吳玉章，韓麟符等等，都回到了上海。李濟深黃旭初的軍隊沒有在汕把這些人統統打死或俘虜，在瞿秋白實在是一件遺憾，否則就省了他多少的麻煩。

這些人都是有來歷的，尤其是譚平山，李立三，張國燾，周恩來這四個人，足以使瞿秋白發抖。他既不能一一向他們開刀，只有個別開刀的辦法了。他決定首先去掉譚平山，因爲譚平山是第三國際的執行委員（而且還是主席團之一），在黨一向有很高的地位，這是瞿秋白向忠發所不容許的。於是，瞿秋白就和李立三張國燾周恩來聯絡起來，打倒了譚平山——譚平山被開除黨籍了，這裏不單是有着成則爲王敗則爲寇的慣例，而主要的還是由於他的聲望威脅了瞿向的領導權，否則，譚平山固然應該負南昌暴動失敗的責任，而李立三張國燾周恩來輩又何嘗沒有責任？而且，南昌暴動誠然是失敗了，而瞿秋白親自指揮的兩湖秋暴又如何呢？至低限度，南昌暴動失敗得比兩湖秋暴光榮得多。可是瞿秋白卻很巧妙地（同時也是很拙劣地）把兩湖秋暴的責任推在毛澤東身上——就在開除譚平山黨籍的通告（中央政治局的通告）上，宣布了毛澤東留黨察看兩個月（或三個月，我有點記不清了）的處分的決議。這樣，瞿秋白不僅推諉了兩湖秋暴失敗的責任，而且對毛澤東報了欺騙之仇。毛澤東之所以沒有如譚平山那樣被開除，主要的是由於毛澤東那時的聲望還遠不及譚平山，次要的是由於他手下還有一千多的殘餘的『農軍』。

開除譚平山，當然要說上一大理由：說他是一個機會主義的毒中得最深的人，說他當國民政府（武漢的）農政部長時代在長沙馬夜事變（許克祥反共）以後主張鎮壓湖南的農運；說他未得黨的許可就辭去了農政部長；說他在九江的活動份子大會上說了反對中央的話：說他在革命委員會的領導上犯了機會主義的錯誤……總之，說了他一大篇。然而這種掩耳盜鈴的把戲，是瞞不了明眼人的。實際上，這一切開除譚平山黨籍的理由都是不能存在的。說譚平山是機會主義者，這是對的；但滔滔者天下皆是也，瞿秋白向忠發又何嘗不是機會主義者？過去的中央機會主義的領導，凡是在中央負責的人都應該負其責，不過譚平山可以負得比瞿秋白他們少一點，因爲他雖是中委，一向參加國民黨中央的工作，並不在黨的中央工作。至說斥譚平山要鎮壓湖南的農民運動，那是造謠。譚平山雖身爲農政部長，但他對於農民運動或農村行政實在是一個十足的外行，正和身爲黨的中央農民部長的瞿秋白，對於農民運動是一個十足的外行一樣。我在這裏說一句公平話：黨對於馬夜事變的處理是十足的機會主義——或者說，是百分之一百的機會主義，但應該負這個錯誤的最重要的責任的，是當時黨的中央總書記兼中央政治局主席陳獨秀，尤其是當時黨的中央農民部長瞿秋白。說到斥他不經黨的許可向國民政府辭農政部長之職，這是十分冤枉的。老實說，譚平山實非自動地丟掉這個特任官的國民政府部長的位置，不過中央政治局命令他與蘇兆徵一同辭職，他不得不提了辭呈，這在他實在是一件勉强的事情，現在再爲此事冤枉責備他，豈能够令他心服？說到在九江活動份子大會上反對中央，那完完全全是謠言。我雖然沒有出席九江的活動份子大會（因爲那時我在武漢），但據出席那天會議的幾百人異口同聲的說，並沒有這麼一回事。他（平山）只說前委（前敵委員會的簡稱。譚平山當時是前委的書記）受有中央的全權委託，處理前方的一切工作。眞正反對中央的人是有的，但此人並非譚，而是姓瞿與姓向：反對的地點也不是九江的活動份子大會，而是漢口日本租界的一個緊閉着窗戶的不通空氣的房間內，就是說，是八七會議的會場上。最後，說到南暴以後在革委（南昌暴動與革命委員會的簡稱）犯了機會主義領導的錯誤，這也許是對的，但說到這裏，責任最重的是周恩來——誰都知道，在南征途中，周恩來權威最高（因爲這純粹是一次軍事行動，而恩來是當時的中央軍事部長），有太上主席之稱（譚平山是革委的五個主席之一，恩來的公開職務僅僅是一個革委參謀團的參謀）。

譚平山並沒有請我做常年法律顧問，我原沒有一一替他辯護的義務，而且我一向對於這位先生的感情是非常之薄的。不過在這裏我想指出一件祕密的事實：在八七會議以後，瞿秋白的中央就派了一個專員——黨的中央組織部祕書馬非武——到江西去追譚平山，給了平山如下的命令：（一）革委應該改名爲中華蘇維埃臨時政府；（二）革委主席團改組爲中蘇（蘇維埃政府的簡稱）主席團，增加瞿秋白向忠發李維漢；（三）成立人民委員會，以瞿秋白爲委員長，譚平山向忠發副之，瞿未到以前，由譚代理；（四）所有的軍隊，一律改稱工農紅軍，由瞿秋白兼任工農總司令（這眞是荒謬絕倫的兼差！）賀龍葉挺副之，瞿未到前，由賀代理；（五）厲行土地革命，無條件的沒收一切土地；（六）驅逐一切國民黨份子。

這位馬非武倒是一位很忠實的同志，他一路追去，跋涉數千里，終於有志者事竟成，在福建的上杭承定之間追到了譚平山的『革命委員會』。可是譚平山拒絕接受這項命令，大有『將在外，君命有所不受』之概，並且對於此事極力保守祕密，過三天以後，這位馬非武就失踪了，而且地球上似乎永遠再找不到他，據說是李立三（他那時是革委的格百烏主席）把他殺在峯市的深山窮谷中了。這，我未目覩，不敢斷定是眞，不過革命委員會『消滅』了瞿秋白的特使，這是一件鐵一樣的事實。後來革委到了潮汕，瞿秋白又打了幾個電去重申前令，可是譚平山除了把軍隊改稱爲『人民革命軍』（後來陳銘樞蔡廷楷的『人民政府』也以此名稱他的軍隊）外，絲毫不實行瞿秋白的命令。譚平山之被開除，眞正的原因就在這裏！

在開除譚平山與處分毛澤東留黨察看的通告上，還有一大批人被處分，都是一些無名角色，其中被開除者有章伯鈞繆象初等，因爲他們依附譚平山。

瞿秋白開了譚平山的刀，在黨內並沒有引起不良的反響；儘管譚平山是國際的委員，而且是主席國之一。他自己在被開除以後，不顧許多朋友的忠告，組織了一個第三黨；不久，這個第三黨也是消滅了。

還有幾個要員受了不公開的處分，要算林伯渠（林祖涵）與吳玉章爲最慘。這兩位不幸的老先生被瞿秋白充軍到海參威，在這個多風沙而極寒冷的日本海的海濱城市裏度着悲慘的歲月。當我在上海看這兩位中的一位（林伯渠）帶着一頭雪似的白髮，另一位（吳玉章）帶着劇痛痔瘡很艱難痛苦地爬上那艘古老破舊的北方號（海參威與上海之間的祕密航船）時，眞爲他們灑一掬同情熱淚。

在海參威，他們的生活是悽涼而貧困。飯是吃不飽的，皮鞋破舊沒有錢買。『二老』在萬分無聊之中，發明了『中國字的拉丁化』，就是後來的所謂新文字運動。

在這裏順便說到一句：後來，由於毛澤東的請求，國際把二老送回到中國。二老得不老死異域，全出毛澤東之賜。當他們踏上上海的黃浦碼頭時，不禁高興得老淚縱橫，猶如班超回到了洛陽。他們感激毛澤東，到了毛澤東統治下的蘇區。林伯渠立刻抖（註：抖者闊綽也）起來了，不僅當了中樞（中華蘇維埃的簡稱）的中委，而且當了『人民財政委員』，也就等於一個財政部長。抗戰以後，他是八路軍的駐陝辦事處長，住在西安的七賢莊，我們時常看到他帶着滿臉的笑容，在廣州酒家或者厚德福用魚翅海參和白蘭地來招待大羣的賓客。他反顯得年輕了，有時我們也可以看到穿着樸素的中山裝，老與不淺地到開元寺逛逛，這當然是無傷大雅的，食色性也，孔夫子見了南子，尚且有點飄飄然，何況我們的革命家？現在，他大概在重慶當國民參政會的參政員。

吳玉章回國似乎一直不得志到現在，據說他正用唯物論的觀點來寫部中國史；我們可以料想得到將來出版以後一定是一部偉大而荒唐的傑作。

瞿秋白在消滅的『掃蕩』（黨的內部的反對份子的驅逐）方面，大概有一半是成了功（例如對於陳獨秀譚平山），有一半是失敗了（例如對於李立三周恩來）。可是對於積極的建樹方面，他是完完全全失敗了。他親自出馬的兩湖秋收暴動，固然一敗塗地（正確點說，應該說是一事無成，因爲『一敗塗地』好像事前曾有過一番大規模的舉動似的，實際上是沒有的），而他屬望最殷的廣州暴動，也在六十小時以內慘敗了。現在，讓我們來說一說廣州暴動的眞相。

四　廣州暴動的眞意義

中共中央黨報編輯委員會在一九二八年的年頭出版一本小冊子，題爲『廣暴的意義及其教訓』，這是中央政治局在廣暴以後所通過的檢討廣暴的決議。這裏當然是充滿了膏藥的氣味，雖然題目是分析廣暴的『意義』與『教訓』，事實上，不待說我們是不能在這裏找到廣暴的意義與教訓的。

不久，第三國際主席團又很堂皇的通過了一個關於廣暴的決議。這些天才的國際要人對於廣暴加了一個諡號，稱它是『中國無產階級退兵時之英勇的一戰』。無疑的，這個諡號是偉大的，可惜有點費解，恐怕起中國的周公旦與德國的馬克斯先生於地下，還是不能解釋得淸淸楚楚。

最引爲憾事的，是我雖爲中國無產階級的一員，而沒有機會到廣州去參加這次光榮偉大的『退兵時之英勇的一戰』。然而究竟還是不幸中之大幸，那時身爲中共中央政治局秘書的我，有機會看到關於國際及廣東的黨當局與中共中央關於廣暴所往返的函電（不！全部都是由中共中央的電台打出去的電報。把每一個電報的原文都寫出來是太費事了，也沒有必要；而且我也記不得那樣淸楚。所以只能在這裏發表幾個較重要的電報與決議。

第一個電報還是由漢口發出的，那正是瞿秋白出發到岳州去指揮兩湖秋暴的前夜。他用中央的名義，打電給住在香港半島酒店（一個最華貴的外國旅館）的『劉新月小姐』，那是當時的廣東省委書記張太雷的代名詞；在信件上提到他的時候就用一個『月姊』來代替他。這個電報是催促他迅速發動廣州的暴動，在這個電報發出的五分鐘（或者六分鐘甚至七分鐘）以後，瞿秋白又交了以私人名義發給太雷的電報給中央的電台繼續發出去。在這個電報中，秋白用了懇求故人幫忙的口氣，請他（太雷）無論『爲公爲私』，應該『立刻發動暴動』。不過因爲我那時還不是政治局的秘書，這些電報並沒有經過我的手，我只知道電報內容的大概唸出來。不過有一點我必須在這裏說明的，就是廣東省委書記張太雷是秋白的知已好友；在各省委書記中，秋白大概只有對太雷一個人有把握。太雷的存在對於秋白是太重要了，因爲廣東省委是那時中共黨內第一個重要的省委。

在這裏，順便說一說他們的私人感情是有必要的，因爲這樣我們才可以看到把戲的內幕，瞿秋白與張太雷締結深交，是由於他們兩人有許許多多的共同點。第一，他們在中共黨內都是靠洋文起家（前者是生硬的俄文而後者是流利的英文）；第二，他們兩人都是油頭粉面，以美男子自稱，而且風流自賞。這些共同點使他們表現在戀愛的戰略與作風上有極端的類似，比方說吧：瞿秋白從同志和頂好的朋友（他們自已這樣承認）的沈××（沈玄盧的兒子，我在前面已經請求過讀者的原諒，我忘了他的名字）的懷抱中把楊之華奪過來作爲自已的愛人，以致沈××鬱鬱以卒。張太雷也是一樣，他從他的同志和頂好的朋友施存統的懷抱中把白白胖胖的王一知奪過來作爲自己的『夫人』——關於這位『夫人』，我記起了一個不重要的揷話：當我和張太雷同在廣州的鮑羅庭公館裏當翻譯時，他也常常到鮑公舘來，美麗活潑的托爾斯泰小姐稱他爲小皮球，因爲他胖得可說是鮑夫人的具體而微。但是鮑羅庭的眼中，對於她的印象並不很好，他曾經幽默地說過她的腦子『大概有五十公分』；我們知道，屠格涅夫的腦子有二千公分，托洛斯基是一千五百公分——以後害得施存統發了一年多神經病，（就是後來，直到現在還沒有完全復原），直到鍾復光愛上了他，才把他救活轉來，因而施存統就變成了『施復亮』。

話說得太遠了。不過平心而論，張太雷的心比瞿秋白純潔得多。在政治戰略上，他也比秋白正大光明一點。

當我們隨着中共中央移到上海的時候，張太雷已經有一個電報在等候着瞿秋白，這個電報經過我的手，我記得電文如下：

『（上略）廣州客觀情形，實不利於暴動，主觀力量尤弱，據省委估計，目前實不宜暴動，尙有待吾人之艱苦努力。如何之處，望中央裁奪。』

秋白看到了這個電報以後，大光其火（註：發怒也）。因爲一則，他自己指揮的兩湖秋暴已經失敗——或在更正確的說，兩湖秋暴沒有暴起來就『冬眠』了。再者：國際連來了幾個電報，催促中央加緊領導各大城市的暴動。爲了自己的面子，尤其是爲應付遠在歐洲的後台老闆，瞿秋白發狂一樣的需要暴動。於是他又連發了兩個電去催促廣州加速暴動，無論如何，不能遲延。張太雷的回電來了：

『……（上略）……某電悉。廣州敵人勢力雄厚，雖新到之張部中有我黨組織，但亦極微弱，工農組織，迭經摧毀，已非昔比，更無武裝。但亦當遵照中央電令，盡力發動，可否俟南征軍迫近廣州時，起而響應，裏應外合，較易成功。聞南征軍已佔領潮州，汕敵已準備退卻，南征軍之迫近廣州，可指日而待……』電示中的『張部』是指張發奎的部隊，『南征軍』就是革委所領導的賀龍葉挺的軍隊。

這個並不能消滅瞿秋白的火氣（雖然他每天吃着許多高價的美國的蜜橘與英國的蜜糖），他又打了兩個電給太雷，一個電是罵他的『等待主義』是一種『最壞的機會主義』，火急的催促他趕快暴動，似乎暴動比他每頓吃四隻美國蜜橘還更容易。另一個電又是以私情來懇求他，請他無論爲公爲私，都應該立刻暴動。

卻好這個時候，『月姊』（張太雷）的『夫人』——就是被托爾斯泰小姐稱爲小皮球的王一知，坐着一隻什麼皇后號的郵船到了上海。瞿秋白平時是瞧不起這位腦子只有五十格蘭姆（鮑羅庭言）的女人的，這次，卻例外地對她特別客氣，很隆厚的招待她，並且懇求她明天就坐一隻什麼總統號的郵船回香港去催促趕快領導暴動。

『你想：』秋白很愼重地對一知說：『暴動成功了，太雷是蘇維埃的主席，你就是主席夫人。不僅太雷成爲歷史上的偉人，你也是歷史上的人物了。』

五十格蘭姆的腦子裏實在裝不下這許多馬屁，於是『小皮球』又急急忙忙的趕回香港去了。當她在香港碼頭登岸，還沒有到太雷的旅館時，高興得眞想拿一面鑼，在香港的通衢大街上一面敲，一面喊到：『你們看：我是蘇維埃主席的夫人哩！』

南征軍並沒有迫近廣州，就在潮汕失敗了，這對於張太雷實在是一個很重大的打擊，使他的暴動計劃完全無法進行。不過南征軍的失敗，對於瞿秋白的感覺恰恰與張太雷相反。秋白正唯恐譚平山等的成功。

當南征軍的覆滅已經證實了的時候，張太雷感到絕望的悲哀。他只得親自跑到上海來請示，報告廣州實無暴動的可能。秋白當面把他罵了一頓，接着又極力安慰了他一頓，說無論如何困難，廣州非暴動一下不可，因為那時國際的命令，就是明知暴動會遭到慘敗，也得暴動一下，因為廣州的暴動有着戰略上的重要作用。

這話是很確實的。第三國際幾乎每天來一兩個電報催促中共發動廣州及其他大城市的暴動。這幾個電報的口氣都非常嚴厲，絕無商量的餘地，簡直比皇帝的聖旨還更神聖不可修改。中共中央政治局也會向國際申訴過苦衷，但國際催促的命令，依然如雪片飛來，到後來也說明了就是明知暴動因為那是有着『戰略上的重要意義』。這樣，瞿秋白不能不拚命逼着張太雷去作孤注一擲的暴動了。

所謂『戰略的重要意義』是什麼嗎，這就是問題的關鍵所在。最初我看了國際的電令以後還茫然不解，事後才知道，那時候，正是俄國黨內的鬥爭到了生死關頭，他們的誰勝誰敗將在行將開幕的聯共幾次（恕我忘了次數）大會後國際的六次世界大會上來決定。一方面需要中國同志和中國無產階級的暴動來幫助他擊敗另一方面。因為關於中國革命問題是雙方爭論的中心問題之一，因此需要在六次世界大會以前中國來幾個暴動，而且來一個蘇維埃政府，那怕只存在三分鐘也可以。這樣他就可以證明他對於中國問題的見解之正確。這樣他才能戰勝反對派。因此，中國無產階級寃寃枉枉流的血，縱然對於中國毫無利益；甚至有害（因爲牠摧殘了中國革命的元氣），但對第三國際卻是絕對的必要。我們不願去責備外國人，因爲他們到底是外國人；而中共此種喪心害理的行爲，才眞令人痛心呢！

至於瞿秋白向忠發——現在又加上了李立三周恩來之需要廣州暴動，那是不待解說的。如果廣州不暴動，國際就非改組中央中共不可；爲了保持他們自己在中央的寶座，流流廣州無產階級與小黨員的血有什麼關係呢？

張太雷完全領悟了現在是非暴動不可了，因爲那是莫斯科的命令，也就等於聖旨。他當秋白的面把這個担子接受下來，同時也乘機向瞿秋白提了一個要求：暴動以後的蘇維埃主席非由他來担任不可——雖然這是秋白和王一知預約好了的，但太雷是一個精細人，必須再當面說定不可。秋白答允了。

可是，問題又發生了，李立三周恩來張國燾同時對瞿秋白提出了異議。他們以爲張太雷的資望不夠担任中國第一個蘇維埃政府的主席。這抗議是有力量的。直到這個時候爲止張太雷還是一個CY（青年團）的中委，他並不是黨的中央委員；他當省委書記也不足一年。拿這樣一個「年青」（資格上的而不是年齡上的）的人來當中國的第一個蘇維埃主席，未免有點那個。可是秋白已經答允張太雷；而且秋白即使沒有答允太雷，他也不願拿這個蘇維埃主席的寶座讓給別人的。李立三在這個問題的爭論上表現了躍躍欲試的精神。他的資格當然比張太雷高一點，五卅運動使他成爲國際有名的人物（因爲他是那時上海總工會的委員長）；他出席過赤色職工國際的世界大會，而且被選爲委員，更而且是主席團之一。可是瞿秋白不能容忍李立三去當蘇維埃主席。經過了幾次爭執，在一次分贓會議以後採取了一個折中的辦法：由蘇兆徵任名義上的廣東蘇維埃領袖，由張太雷代理，因爲那時蘇兆徵正臥病在上海。這可以說瞿秋白的勝利了，但他也接受了一個交換條件：接受了由李立三尤其是周恩來推荐的葉挺葉劍英任工農紅軍的正副總司令。

一切都商量好了以後，張太雷就以耶蘇走上十字架的決心回到廣州去指揮暴動去了。

在十二月十一日（一九二七年），這完全是强迫製造的暴動在廣州爆發了。所謂紅軍與赤衛隊佔領了廣州全市的五分之一（這裏所謂全市，實際上只是全市區，並不包括市屬的郊外在內）。所謂蘇維埃就在公安局的原址上成立了，蘇兆徵做了名義上的委員長，而由張太雷代理——他同時還是『人民海陸軍委員』。

蘇維埃政府在廣州市區的五分之一的領土上存在了六十六小時——就是兩天半——照預料的一樣，很快地失敗了。消滅了。成績是燒了幾萬棟房子，雙方殺了一兩萬人——主要的是苦力，尤其是人力車夫（廣州稱爲手車夫）。

廣暴的失敗，原是意中之事，就是一個小學生也能知道他不會成功的，所以瞿秋白對於廣暴的失敗並不傷心，而張太雷之死（他是在暴動將要失敗的時候，被廣州的機器工會所組織的工人敢死隊用手榴彈炸死的；這個機器工會一向反對共產黨的），則不僅使那個腦子只有五十格蘭姆的女人在香港的皇后酒店裏要碰壁自殺（自然，她不會眞正去碰壁的，因爲把頭碰到壁上是痛的，也許還要出血。布爾塞維克的人生觀是積極的，所以第三天她就很勇敢的投到另一個男子的懷抱中去了），也使瞿秋白很感到痛苦，因爲那是去了他的一條手臂。

廣州暴動就是這樣悲慘地完結了，流了無數人的血，只是替中國革命史上寫下了令人啼笑皆非的一頁，然而這些人的血（包括張太雷的血在內）顯然並沒有白流，牠鞏固了第三國際主持人的地位擊敗了托洛斯基反對派。所以除了論廣暴爲『中國無產階級退兵時之英勇的一戰』外，復尊張太雷爲『中國無產階級最好的領袖』。然而，然而，然而，然而，想起了廣州暴動的前前後後來，我眞不禁要替那些冤冤枉枉死的人流幾點悲傷的眼淚。

在這裏，我還要提到一個不重要的挿曲：

陳獨秀這個時候早已回到了上海，瞿秋白向忠發對於他維持着一種虛僞的也是淡薄的友誼關係，他在『年老多病』的藉口下，拒絕國際召往莫斯科的命令，在上海度着一種閒居的但是待時而動的生活，他和中央保持一種不卽不離的關係，用『撒翁』這個筆名，在『布爾塞維克』（八七以後的中央機關報名稱）上發表一些寸鐵（短文章），長篇大論是沒有了，因爲現在中央黨報上已沒有他的地位。

當他知道了廣暴發生的消息，就寫了一封信給中央，提供兩點意見：

（一）避免與帝國主義作直接的衝突；

（二）與譚平山等的「社會民主黨」相對的合作。

這封信到達瞿秋白手裏的時候，正是秋白接得了太雷的死訊，廣暴顯然要失敗的時候，不待說，那是瞿秋白神經極劣的時候，陳獨秀不知趣地來了這樣一封信，於是他就借題發揮的罵陳獨秀的觀點依然是機會主義的。

除了廣州暴動以外，瞿秋白還盡量製造了一些極不重要地方的小規模的暴動，如松江的莊行鎭（一個小鄉鎭）以及無錫的鄉下等，那簡直是亂動而不是暴動。除了冤冤枉枉送掉幾條性命以外，絲毫意義也沒有。

五、新「中央」的新鬥爭

瞿秋白究竟不失爲一個聰明人，他有自知之明，雖然只是相對的自知之明。他自己知道他的「武功」（武裝暴動也）實在並不偉大，於是他想在「文治」方面來補救他的功業。這種武不忘文，文不忘武的苦心孤詣，使他安坐在上海租界的洋房花園裏頒發「武裝暴動」的命令（那自然沒有他以前親自出馬到岳州那樣危險）之餘，從事著作。他開始寫一部「俄國農民運動史」，但只出了一册，以後永遠沒有完成。這是一部偉大著作。有着偉大的魔力——他能够使一個最歡喜讀書而且精神很旺健的人，讀不到三頁就會呼呼入睡。也就是說，這部偉大的著作比鮑芳洲博士（中國最有名的催眠術家，中國精神研究會的會長）的催眠術還更有效力。也許正因爲這個理由，所以只出了一册就不再續下去了。

這個時候，他掌握了中央黨報編輯委員會，於是他那本從前不爲中央所通過的「中國革命的爭論問題」也翻印出來，而且還添上了一篇得意忘形的序文。

此外他還寫了一部「三民主義」，由中央黨報編輯委員會出版，封面是仿着胡漢民題字的眞正三民主義的樣子，不過頁數比眞正的三民主義少得多。內容是對於三民主義和三民主義的作者（國父）加以醜詆。這部僞造的三民主義實在是一部可恥的著作，因爲這裏充滿着潑婦駡街的態度，不僅沒有絲毫理論上的價值，而且充分地表現出了這部僞造的三民主義的作者（瞿秋白）及其出版者（中共中央）之無恥與無聊，無聊與無恥！

歷史的諷刺是殘酷的。中共在那時是這樣惡毒地罵着三民主義，過了幾天以後，他們（中共）又說只有中共才能實行三民主義，他們又把三民主義捧到了天上，以致艾思奇，陳伯達等等的紅色的（實在是紅蘿蔔式的紅色，因爲僅僅表皮是紅的，內容完全是白的）投機小文丐也大談其三民主義的「偉大」了。

可是，文武兩途的努力，都不能挽救瞿秋白沒落的悲運。到一九二八年的年頭，瞿秋白顯然已經被周恩來李立三擠到透不轉氣了。

當南征軍失敗以後，大批的前委要人從潮汕或香港回到上海時，使他深具戒心的只是譚平山和張國燾兩人，尤其是譚平山。他把譚平山開了刀，又把張國燾派遣到了武漢，自以爲天下太平了。他對於周恩來李立三是不十分重視的，因爲這兩個人在五大以前只是黨的地方幹部；他們之當選中委，還是在五次大會上秋白自認爲是歷屆的老中委，把他們兩人看做是後進，滿不在乎。他尤其輕視周恩來，以爲這個一向在軍隊裏混事的人只是一個老粗。可是他要特別拉攏周恩來，因爲雖說他現在不忘文治，欲以文治濟武功之窮，但在「無暴不動，無動不暴」的時候，究竟還是武功第一。雖然暴動的藝術到他手裏發展到了最高點，幾個扁擔，一把菜刀，就可以暴動，但究竟感到不夠。於是他不能不借重軍事部長周恩來。這樣，他對於周恩來是拉得緊緊的。

對於李立三，雖然他也滿不在乎，但是李立三一參加中央工作後，就大刀闊斧的幹起來，這使瞿秋白感到頭痛。於是，他藉口張太雷死後廣東省委書記還沒有適當的人選（暫時由穆青代理）而廣東省委地位最爲重要，所以在中央政治局提出來派李立三當廣東省委書記；中央政治局當時就通過了這個提議，而且對李立三下了速即赴任的命令。這在瞿秋白原是釜底抽薪的辦法，可是慓悍的李立三竟抗不奉命。當時李立三究竟用什麼理由和方式來拒絕了赴廣東的任命，我現在的記憶中已經有點模糊了。總之，中央政治局是下了派他當廣東省委書記的命令，而他沒有去，而且仍舊留在中央。

於是，激烈的明爭暗鬬展開了。很快地，瞿秋白是被李立三所屈服了——至少，瞿秋白在中央的權威是大大地削弱了，而李立三則開始在中央抬起頭來。中央政治局自動地把派李立三爲廣東省委書記的命令取消了，理由是改派他留在上海發動上海的暴動。而且，中央政治局派他爲中央職工委員會的主席——原來是蘇兆徵擔任的。

瞿秋白這樣很快的失敗，一方面固然是由於他自已的庸弱無能（這是最根本的原因；瞿秋白眞正是所謂材不足以馭衆，德不足以服人的一個平庸的陰謀家）；另一方面，也是由向忠發對他倒戈和周恩來的見風轉舵。

向忠發始終是一個卑鄙的傢伙。這個齷齪的划船夫，無論在任何一個場合都是最壞的機會主義者，他的心永遠的比蠍子蜈蚣還毒。他幫助瞿秋白用陰謀來推翻了陳獨秀，以一個地方工會負責人的低微的身份，一躍而爲中央政治局的常務委員兼中央組織部長，在他應該是稱心滿意了。可是瞿秋白傷害了他的自尊心。瞿秋白永遠是一個膿包，他自以爲了不起，對這個不識字的划船夫是很輕視的，在武漢的時候，「好漢不惹地頭蛇」，他對於向忠發還比較客氣，因爲向忠發是武漢的地頭蛇。一到上海以後，他完全用一種上司叱斥下僚的態度對付向忠發：尤其使向忠發難堪的，是對於他的經濟上的封鎖。這位布爾塞維克的划船夫是一個色情狂兼拜金主義者，上海的繁華，尤其是上海的人肉市場，眩暈了這位划船夫的色眼。可惜他沒有很多的錢——自然比較一般小黨員，他是闊綽了幾十倍；但比起瞿秋白的揮霍來，他又未免太寒酸了，但是瞿秋白掌握了財權，他能在瞿秋白手中取得能夠滿足他慾望的十分之一的數目。而且，他眼看到了瞿秋白的寶座終是坐不穩的，所以當瞿李鬥爭一開始的時候，他最初假仁假義的幫助瞿秋白，忽然之間，倒戈相向，給了瞿秋白一個致命的打擊。

周恩來，這位「紅色舞台」上的有名人。正和馮道一樣，他是幾個朝代的元老。他是浙江人，但又說是北平人，因爲他在天津南開大學讀書時學得了幾句京腔，在南開沒有畢業，就到法國去做勤工儉學生，在那裏加入了中國共產團。他與李立三是同學，但他在中國的風頭卻比李立三爲遲。在他的青年時代，碰過不少的釘子，以致他有幾次傷心得想自殺。自然，和張太雷的夫人一樣，他是不會眞正自殺的。不過這些釘子使他學乖了，使他變成爲一個飽經世故的聰明人。他後來之所以能夠長久站得住，做到五六朝的元老，完全得力於此。大概說起來，他是屬於諸葛亮所謂識時務者爲俊傑一流人物。他有着一個中等的身材，莊嚴的面貌，靈活的腦子，銳利的眼睛。他的頭髮老是剪做日本式的平頭，走起路來是一種拿破崙的步法。他的夫人鄧穎超無疑也是一個女傑，可惜永遠不生孩子。他們倆眞是一對理想的夫婦，只有一點是例外：別的理想的夫婦是「夫唱婦隨」，他們都是「婦唱夫隨」——在大多數的場合我們看到鄧穎超在前面走着，口中哼着一種連孔夫子也聽不懂的什麼歌曲：恩來則在後面用如上面所說的拿崙的步法跟着。

不久以前，就是當北伐軍已經佔據了武漢，甚至佔據了南京上海的時候，周恩來還不過是一個地方幹部，不過等於一個省委的部長（北伐的時候，他是廣東區軍委的書記，就是等於以後的省委軍事部長——五大以前，中共的組織系統上沒有省委）。當一九二五年五卅高潮，李立三在上海大出風頭時，全中國很少有幾個人知道周恩來，那時他正在廣東做政治工作，說到做政工，他倒是一個前輩。他在黃埔軍校二三期之間做過黃埔軍校政治部的代理主席，後來國民革命軍第一軍成立以後，他當第一軍的政治部主任。二次東征勝利以後，他做了東江行政委員（一九二五年十一月到一九二六年三月），那是一個眞正的官銜。他的那個日本式的平頭下面配上一副莊嚴的容貌，上唇蓄着一點短鬚，也的確眞正像一個官員。自然，那時候他的生活也不會不像官員的，那也可說够得上奢侈的闊綽！在廣州的西濠酒店和汕頭的崎嶁酒店（這是廣州和汕頭兩個最闊綽的旅館），都有他長包的房間，自然是最舒服的房間。中山艦事變以後，他總算倒了一點小霉，但官還是有得做的，在行政委員丟了以後，他被任爲廣州大佛寺的高級政訓班的主任。北伐軍的出發，結果了他的亨通的官運。他就潛伏在廣州南華銀行的樓上，做他的廣東區軍委的書記。也就是在這個時候，樹立了他的所謂「赤黃埔系」的基礎。他在北伐軍佔領上海的時候由廣州趕到了上海，後來做了漢奸的汪精衛，大概也是在那個時候回到上海。汪精衛到漢口以前在上海與陳獨秀聯名發表的『國共兩黨領袖聯合宣言』，就是由陳獨秀起草而由周恩來送到海關大樓去交汪精衛簽字的。在那個時候，他是陳獨秀的最忠實的信徒。

五次大會中，他當選爲中委，而且被任爲中央軍委的書記（卽中央軍事部長），他由地方幹部躍而爲中央幹部，就在那個時候。武漢清黨以前，他把他的靈活頭腦發揮到了最高度，例如禁止各軍的黨組織吸收士兵入黨，禁止在軍隊裏面宣傳階級鬥爭。在武漢清黨之際，由於應付的失宜，以致黨失掉了很多的武力。

他趕到南昌參加七卅一的暴動，路上，他是很威風的。可是在潮汕失敗了，他回到了上海。回到上海以後，他就發表了擁護八七會議綱領的文章。他已經成爲一個最熱心的唯武力主義的暴動主義者了。他不僅在文章上寫着『暴動，暴動，第三個還是暴動！』而且以中央軍部的資格，一再發出催促發動暴動的命令。這個時候，他已經是一個極端的暴動主義者了。

初回到上海時瞿秋白拉攏他，他也就很快的向瞿秋白宣誓效忠，所以彼此的關係是很好的。然而如前面所說，他是一個識時務的俊傑，是一個飽經世故的聰明人，他眼見到這個研究系的小卒（秋白）除了會耍一些小手腕以外，實在沒有出息，而他的老同學李立三則一天比一天活躍起來。於是，他就來了一個不着痕跡的轉變到李立三這邊來了。

現在的中央變成爲李立三瞿秋白周恩來向忠發統治的中央了。瞿秋白已經降到第二位，而且，我們很快地就會看到被排除中央以外了。

廣暴失敗以後，張太雷是死了，葉挺是被派遣到莫斯科去了，代英回到了上海，賀龍則早已回到上海，而且派回湘西去『武裝暴動』去了。在這裏我們順便說到葉挺──他在黨內的名字叫做葉西平，朋友間都稱他爲葉希夷。他本來是保定軍官學校畢業的，一向在粵軍工作。當他當營長的時候，駐防肇慶（廣東西江），愛了一個當地富紳的女兒求婚被拒以後，他派了八個武裝兵，用梁山泊上好漢的手段把她搶了過來，作爲他的夫人。爲了這件事情，他在黨內受到留黨察看的處分，而且被軍隊方面免了職。於是他被派遣到莫斯科去，在那邊的時間很短就回國了。北伐軍出發到湖南的時候，他以第四軍獨立團的團長，隨軍出發，一路上還有一些戰功，但是這位仁兄始終有點荒唐。在國民革命軍克復武漢以後，忽然謠傳着葉挺失蹤了。司令部要找他找不到，黨要找他也找不到：他的朋友和部下都不知道他的下落。這簡直是一個謎。葉挺究竟到那裏去了呢？他的同志和朋友相信他是被敵人（當時的北洋軍閥）秘綁票把他綁了去，甚至有人說被北洋軍閥綁縛在北京的中央公園被『示衆』；可是共產黨的反對者却說他傚效三國時代劉璋手下的張松　，到南京去向孫大帥獻地圖去了，甚至還有人說他親眼目覩，看見葉挺登上長江輪船，一帆風順到南京去了。這在當時的黨內簡直成爲一個很嚴重的問題；政府也懸了一萬元的賞格來徵求他的下落。在半個月以後，他又像幽靈一樣的出現在漢口的江邊了，而且手裏還扶着一位婀娜多姿的南國美人。原來他的失蹤是因爲他秘密到上海去接他的夫人去了。這件荒唐的事情使國共兩黨對他都發生了不良的印象。黨給了他一個留黨察看三個月的處分，這處分對他是毫無所謂的，可是這對於他的官運却是一個很大的打擊，比他資格威望都差一點的黃琪翔由卅五團團長升任十二師師長，比他更差得多的三十六團（均屬第四軍第十二師張發奎部）團長朱暉日升任二十五師師長，但他却反只得到一個二十五師的副師長，直到黃琪翔朱暉日都升了副軍長（四軍十一軍），他才升了四師的師長。

武漢政府北伐（到河南去打張作霖）的時候，他以二十四師師長兼武昌衞戍司令留守在武漢後方。有一天，他因公到漢口去晋見汪精衞，但汪精衞不接見他，他認爲平生的奇恥大辱，憤慨地回到武昌，對我們大駡汪精衞是個混蛋。他的運氣眞好，對汪精衞報復的機會很快到來了。當武漢北伐軍與奉軍膠着於平漢路（那時還名爲京漢路）的許昌臨潁之間的時候，信陽附近的鐵路被紅槍會掘斷了，前方的大軍與武漢被隔斷（雖然是暫時的）了。在這個時候，楊森在武漢的上游反水了，有進攻武漢的模樣，最糟糕的是獨立十四師的夏斗寅也反水了，而且向武昌猛攻，已經打到離武昌只有四十里的紙坊。那時的武漢是空虛的，戰鬥兵只有葉挺的二十四師。於是，武漢危急了，汪精衛被駭得手足無措。他立刻打電話請葉挺過江來開軍事會議，但是葉挺以『公忙』來拒絕了他的邀請。像猴子一樣聰明的汪精衛立刻知道葉挺是在報復他上次的閉門羹，因爲上次他也是以『公忙』的理由拒絕接見葉挺。他只得親自跑到武昌來拜見葉挺。葉挺使他在那簡陋的會客室裏枯坐了一個鐘頭才來接見他。不久，他就在南昌發動了暴動，並且南征到潮汕。在潮汕，被廣西隊伍打得一敗塗地，如果用春秋的筆法，那就是『敗績』。他從潮汕逃到香港，在剛進鯉門灣的時候，被九龍的海關人員所拘留，以二千元的『西紙』（廣東人稱外國紙幣爲西紙）賄賂，得被釋放。廣州暴動的時候，做了『工農紅軍總司令』，可是在廣暴還沒有完全失敗以前，這位『總司令』就已經失縱了，原來他並沒有通知黨，一個人跑回香港去了。爲了此事，他又受了一個留黨察看處分——這個處分對於他已經平凡到沒有一點刺激性了。回到上海以後，他就被派到莫斯科去。經過了與國際方面的一番辯論，他到了德國的柏林。這位風流的將軍在柏林開了一個豆腐店，大發其外國財。據說他那時已經離開了黨，但我現在不能證明這一點。他的逆運又來了，希特勒在德國上了台，在大逐其猶太人之餘，也驅逐了葉挺，封閉了他的豆腐店，而且差不多沒收他的全部的財產。於是他又到莫斯科。七七事變以前就回了國，後來當了新四軍軍長。依然是中共的黨員。

既然順便提到了葉挺，索性讓我們再順便提一提與葉挺一同赴俄的兩個紅色軍人——劉伯承與葉劍英。

劉伯承是一個怪人。以前除了四川人以外，大概很少有人知道這個名字。他倒是四川軍人的老前輩，綽號叫做劉瞎子，又叫做獨眼龍，因爲他只有一隻眼睛，而且他的左臂也失了作用。但是這個殘廢的人物却很厲害，在四川，有人稱他爲小諸葛，他何時入黨，則尙有似阿Q的籍貫姓氏那樣，待考。他參加了南昌暴動，任參謀團主任，但是他的作戰計劃斷送了東征軍的生命。他與葉挺一起被派赴蘇聯，在莫斯科，他受到了與葉挺完全不同的待遇，大概由於他的殘廢引起了史太林的興趣，伏洛希洛夫元帥殷勤地招待他，稱他爲軍事上的天才。也算他時來運濟，在他到俄國作了一年多上賓以後，中東路事件發生（一九二九年夏）了。這位『天才』被遣派到遠東去做『萬國義勇軍』的總指揮，率領着一種雜色的隊伍（包括中國人，日本人，韃靼人和俄羅斯人），用唐•吉可德的精神，打敗了中國同胞的軍隊（東北軍）。此後，他就被派回國，在『蘇區』裏面依然當紅軍的參謀團主任。抗戰以來，任八路軍師長。

葉劍英是一個漂亮而風流的傢伙——據他自己說，他睡過各種種族的女子，以阿比西尼亞女人爲第一，印度女人排到第七，日本女人大概要排到第二十幾，最壞的是歐洲各大國的女人，他出身我不十分知道，大概是保定軍校的。北伐時，任新編師的師長，但不久就辭了職，後來當了第四軍的參謀長。他是武漢淸黨以後才加入中共的。他參加了廣州暴動，而且任『工農紅軍』副總司令。廣暴失敗以後，與葉挺劉伯承一同被派到俄國去。在莫斯科，他雖然未被目爲上賓，但在第三國際的招待下，使他有機會嘗到了各種民族的女人。不久就被派回國，在江西的『蘇區』中擔任軍事工作；以守筠門嶺而著名。抗戰暴發，他任八路軍的駐京辦事處處長，現狀待攷。

惲代英從香港回到上海以後，就參加了中央的工作，可是他在中央並不能起很重要的作用。那時候，我們只看到李立三的權威一天天增加起來，而瞿秋白的權威恰恰成爲反比例地下降。

現在，黨要在莫斯科開六次大會了——中國的黨要跑到二萬五千里外的莫斯科去開全國代表大會，眞怪！

六、六大與六大後的「中央」

由於第三國際主持人想完完全全把中共掌握在他自己的手裏，於是國際向中共發出了一個奇怪的命令，要中共在莫斯科召集第六次全國大會。國際的意志比皇帝的聖旨還更神聖，中國共黨當然不敢不接受了，於是這些要人們（中共的要人們）出發到莫斯科去了，大批的「代表」（我之所以必須在代表這兩個字上加引號，爲的是代表並不能代表別人，只能代表中共中央的某幾個人）也出發了。在這些要員們到達海參威以後，又打電報回來指派了一些人作『代表』，趕緊前去。後來我們才知道原來第一批去的代表中，在海參威被發覺了有幾個有反對派嫌疑（那時候其實中國還沒有反對派，不過只要對中央或國際的命令稍爲表現一點遲疑的人，就有被目爲反對派的嫌疑），就被强迫留在海參威，所以要國內再去一批人，去的『代表』當然都是中共中央指定的，在第二批中，我也是其中之一。我參加了一個所謂『河北代表團』，望着那艘破舊的北方號向海參威進發，因爲動身得很匆促，而且我們事前做夢也沒有想到我們會被指定爲『代表』去出席六大，所以上了輪船以後，我們的臨時小組就開始研究我們對於大會的提案。我們這個『河北代表團』是很奇怪，九個人中間，代表了六個不同的省籍，眞正的河北人只有一個。不待說河北的省委與河北的同志並沒有委托我們來當代表。而且，我這個湖南人自出娘胎以來，還沒有到過河北。但這一切都沒有關係。可是我們必須準備幾個精彩的提案，在六大上提出來，庶不辜負此行，也可以對得起河北的同志（重復說一句：雖然他們並沒有推選我們當他們的代表）。我是這一臨時小組的組長。雖然黃海的波浪弄昏了我們的頭腦——我們代表團的三位女同志終日躺在床上大吐呻吟——但我們還是細心地研究提案，我提了一個『發揚眞的民主精神』，得到代表團一致的通過。後來我才知道，這個天眞的提案幸沒有在莫斯科提出來，否則他們準定會把我終身禁錮在莫斯科。

過了對馬海峽，輪船駛入了日本海，風平浪靜，那眞是一個美麗可愛的海面。女同志他從床上起來，而且能够在甲板上散步了。於是我們在達海參威以前，把一切的提案都準備得舒舒齊齊，豫備到莫斯科以後，在國際要人的面前，提出我們的堂皇的提案。

當我們踏上海參威的煤屑路時，心裏感到一陣凄凉。革命成功了十一年的蘇聯，海參威爲什麼還是那樣落後？那眞是太出乎我們意料之外了。但是我們依然與高采烈的踏上了西伯利亞的國際通車。西伯利亞的原野在歡迎我們，我們從前只有在俄國人的小說中讀到西伯利亞，現在，我們在西伯利亞的地面上滑過，我們眞高興。莫斯科在等待我們，安眠着列寧的遺骸的紅場，使我們心嚮往之。雙城子，司巴，伯力，倫多克，布列雅，尼布楚，……這些遠東共和國的城市從我們面前飛過。我們很愈快，我們歡笑，我們歌唱，西伯利亞的原野是美麗的，甚至我們覺得連西伯利亞空中散布的空氣也是芬芳的。

國際通車在貝加爾湖的週圍繞了一個大灣，我們到了伊爾庫次卡。完全出乎我們意料之外，眞是做夢也沒有想到，當我們正在月台上欣賞那座新建的偉大的車站時，當地黨部的外國同志隨同着翻譯來請我們河北代表團全體下車。我們更高興了，以爲當地的外國同志對於我們這批路過的異國同志將有一番盛大熱烈的招待，來安慰我們的旅途的疲勞。然而事實完全不是這樣。我們被指定在車站旁邊的廣場上集合。西伯利亞的冷風吹得我們發抖。我們被點過了名，而且被很不客氣的押着同車子上取了各人的行李。我們如墜五里霧中，眼看着我們坐臥了幾天的美麗的國際專車向西北駛去，而我們是被遺棄在伊爾庫次卡了。伊爾庫次卡也許是一個偉大的城市，但這件突如其來的事情使我們驚訝，也使我們傷心。這是什麼一回事呀，我們責問當地的同志，他們不睬不理。最後我們被押着走上了伊爾庫次卡的街道，我們完全是成了俘虜，成了囚犯。我們還疑心伊爾庫次卡已經被白黨佔領，或者日本人已經進據了這個城市，但是我們抬起頭來看看，到處飄揚着鐮刀斧頭的紅旗。這是什麼一回事呀？有一位女同志簡直哭起來了。最後我們被領到一座剛剛建築好的科學館中，男男女女九個人被關在一間大房子裏。白天，我們可以自由地在科學館的各部分走走，也可以在館內的花園裏散步，但禁止走出科學館的大門。我們的交涉完全不得要領。一些當地女人——女學生，老太婆都有，跑來看我們像上海的太太小姐們到兆豐公園去看附設的動物院內的狗熊一樣。她們簡直像參觀一件怪事，好像她們從來就沒有見過中國人。她們向我們指手畫脚地，口中嘰哩咕嚕的說一些我們完全聽不懂的俄語，惹得我們怒氣沖天，直想衝過去打死她們幾個人才好。

如此被監禁了四天以後，當地同志又帶了翻譯來向我們宣佈中共中央的命令要我們趕快仍舊回中國去。於是，我們又被押上了東開的火車，走向海參威的歸程。在火車上，我們是自由的，但我們都憤慨欲絕。西伯利亞使我們厭惡，甚至感覺到西伯利亞天空的太陽也使人討厭。

我們回到了落後的，由灰沙組織而成的海參威。海參威的省委很有禮貌的招待我們，使我們非常感激。我們在那個『五一俱樂部』住了半個月以後，北方號又把我們載回了上海。

後來我們才知道，我們之被遣送回來，不能到莫斯科去參加六大，是因爲認我們中間有幾個人（當然有我）有反對派的嫌疑。這眞是荒謬絕倫的事情。我們倒都不是反對派（而且那時候中國還沒有反對派），不過中央這種疑神疑鬼的荒唐的處置，是驅使人們投到反對派的懷抱裏。

六大在莫斯科的一種糊塗的空氣中開會，也在糊塗的空氣中結束。除了布哈林在六大上一個報告還値得我們讀一讀——甚至還値得我們費點腦筋來研究以外，其餘的一切都不足論的。一切的報告，討論，決議案和宣言，都是充滿着不能調和的矛盾，一個幼稚園的學生也能看得出矛盾來。舉幾個顯着的例來說吧：一方面，六大批評了八七會議以後的盲動主義，而且批評得相當殘酷（這是專門爲了打擊瞿秋白的，在後面還要提到），另一方面，却提出了『中共的十大政策』（其中最主要的是武裝暴動，建立蘇維埃），連同其他的決議案與宣言，一切都是爲了武裝暴動。用抗戰八股的調調來說，六大的精神就是『武裝暴動第一，殺人放火第一；蘇維埃至上，紅軍至上』。這完完全全是八七緊急會議的綱領和精神，也就是說，完完全全，而且充充分分是盲動主義的精神的繼續與擴大。又如一切的決議案與宣言中時常提到『革命高潮已經到來』，接着又矛盾的說：『革命高潮將不可避免地到來』，接着又說：『現在是在兩個浪潮的中間』。雖然因爲我此刻手頭沒有六大的文獻，不能引證原文，但這些矛盾的詞句我直到現在還記得清清楚楚。這些妙到不可醬油的詞句，我們古代的孔老夫子固然不能懂得，就是起馬克思恩格斯列甯於地下，他們也是不能了解的。

布哈林的報告裏面指出：中國革命是失敗了，而且是慘敗了，他還舉出了許多反問來證明中國革命的失敗。而且，他當面不客氣的指斥了瞿秋白，周恩來，張國燾，李立三和向忠發。他罵瞿秋白的話是這樣的：『你是一個布爾塞維克的領袖，不是一個編戲劇的作家，但你簡直是用演戲的手法來領導中國的革命，豈不糟糕！』對於周恩來，他說『你是軍事方面負責的人，你應該估計到我們自己實際的力量，所以你要負盲動主義的最大責任』（周恩來面孔紅紅沒有講一句話；瞿秋白的臉究竟比恩來還厚，他只是嬉嬉地笑笑）。對於張國燾，布哈林說了這樣的話：『你是一個政治家，不是一個小孩子，但你們的作風簡直像一個孩子。』至於罵李立三和向忠發的話，我不知道，因爲這是被嚴厲地禁止傳播的。

如果有人要問，旣然六大的精神依然是盲動主義的，那末爲什麽還要批評盲動主義？答覆這個問題應該分爲三點：第一：中共的領導機關雖然被盲動主義的毒焰造成了專制主義的寡頭政治，可是中共的黨員，在那時究竟還有許多眞正的布爾塞維克：雖然中共中央用了種種卑鄙齷齪的手段使出席大會的『代表』都以他們的意志爲意志，可是究竟不能够把每個人的心像聊齋裏面的『陸判』換上一個和他們完全一樣的心。這樣難免有人要批評盲動主義了；第二：共產國際爲了掩飾他強迫中國同志流無意的血的罪惡，不能不罵中共，猶之乎齊襄公使彭生格殺了魯桓公，又殺彭生來謝魯人是一個樣的；第三：爲了打擊瞿秋白，把一切責任都推在他身上了，這是中共照例的一貫的作風。

在六大上瞿秋白是完完全全勝利了。六大結果以後，全部的要人與代表都回到了中國，單只把他一個人留在莫斯科，名義上是委他做中共的駐國際代表，實際上是一種有禮貌的放逐。不過這個差使對於他並不很壞（自然沒有在岳陽樓上賦詩時的威風），給了他後來一個東山再起的機會，這，我們留在後面再說吧。

六大的文獻，比任何一次大會都多，各個決議案都冗長得使人頭痛，然而這些有什麼價值呢？儘管牠是斥責了八七會議的盲動主義，可是如前所述，表現在六大文獻裏面的，完完全全是一種盲動主義的精神。不過關於理論部分，我們不想多說，因爲那是將來自有專家來作導者的。我在這裏想要說到的一點，雖然六大是如此其糟糕，但是我們珍惜六大，懷戀六大，因爲這是中國共產黨——機會主義的中國共產黨的最後一次大會了。六大是一九二八年舉行的，直到現在已經十幾年了，傳說了多年的七大，到現在還沒有開，那末，我們應該用一種埃及的封建餘孽愛惜木乃伊的態度來愛惜它！

六大以後的新中央，依然是這麼一批人，陣容如下：

中央總書記兼中央政治局主席	向忠發
中央組織部長兼政治局常委	周恩來
中央宣傳部長兼政治局常委	李立三
中央軍事部長	周恩來兼
中央農民部長	羅綺園
中央職工運動委員會主席	李立三兼

中央黨報編輯委員會	李立三兼
前委書記	毛澤東
全總黨團書記	劉少奇
駐國際代表	瞿秋白

這個名單上的人物，雖然是我們所熟悉，但我們還得簡單的來解釋一下他們的『內部構造。』

名義上的領袖是向忠發，他是正式地取得了以前陳獨秀的位置，這是一種使他神魂顛倒的勝利，以前瞿秋白不敢嘗試一下的寶座，他現在不費力地得到了。他飄飄然的回到了中國。但是事實上，他在中央却沒有一點權力。中央政治局實際上是在李立三與周恩來手中，他是不能過問的，而且他也沒有能力過問。這個卑鄙的划船夫——必須申明：我們並不因為他是划船夫而輕視他，而是由於他的無知，無恥，無能，尤其是他的卑污的人格而輕視他。否則，例如我們友邦的元首加里甯是一個鐵匠，我們尊敬他，愛護他——永遠只能做別人的傀儡。現在，他是由瞿秋白的傀儡轉為李立三周恩來的傀儡了。不過他現在比瞿秋白豢養他的時候得意得多，因為第一：他現在的地位是更增高了，他是首領，雖然僅僅是名義上的首領；第二：他現在在經濟方面不愁窮困，可以任意揮霍。李立三不像瞿秋白那樣自私與吝嗇，他不限制他的私人的浪費。這豈非名利雙收？於是他就在兆豐路和極斯非而路租下了兩幢漂亮而精緻的小洋房，自然少不了附設有小花園，裏面種着洋月季和牽牛花。雖然那時一般在上海的黨內工作的同志每月的生活費只有十五元，而向忠發一個人每月的開支却超過了兩千元。他在這裏過着一種荒唐淫樂的生活。但是後來，也就是在這種荒唐淫樂的生活中送掉了他的腦袋，這，讓我們放在後面再說吧。

毛澤東的前委書記與劉少奇的黨團書記，都是六大以前的舊職，六大以後不過繼續而已。毛澤東在這個時候已經不能說是一個不着名的人物，那時候已經相當有名了，不過他在黨內的地位並不十分重要。而且，在六大上他只當選爲一個候補中委（他自已沒有出席六大）尤其是因爲那時的『紅軍』還沒有壯大，前委書記這個位置艱難困苦而不被人重視。況且這個時候，李立三不僅還沒有和毛澤東對立（在後面，我們將要說到他們的對立），而且他對於毛澤東還頗有點戀戀的鄉情（他們是湖南老鄉）。周恩來對於他也毫無惡感，而且，他是極力地在拉攏毛澤東。這樣、毛澤東的前委書記的聯蟬就毫無阻礙地被通過了。

劉少奇的全總黨團書記亦復如是。在陳獨秀時代，全總黨是最重要的一個據點，簡直起着生命線的作用；因而全總的黨團書記在黨內也有崇高的地位。可是現在已經時過境遷；八七會議以後，黨沉醉在盲動主義的毒酒中，黨的基本隊伍已不是工廠工人而是鄉村中的流氓地痞和山林中的强盜與小偷。黨的基本組織已不像是工廠支部而是『蘇區』裏面的莫名其妙的組織。工人運動是被放棄了——或者說，工人階級已經離開了黨。因而全總是不重要了，不過因爲標榜着無產階級的政黨，不能不要這麼一塊招牌；而最重要的理由是：從紐約花旗銀行匯來的美金匯票（國際給中共的經費，都是由莫斯科匯到紐約，由紐約轉匯到上海。後來那個『沒有國籍的怪人』牛蘭夫婦被捕以後，揭破了這個秘密），大部分是職工運動的經費，不過由於歷史的習慣，這筆經費是由中央支配，全總不能過問。也因爲如此，現在很少有人注意到全總，全總的黨團書記在黨內的地位是一落千丈了。這樣劉少奇就可以安心做他的黨團書記，沒有人去搶奪他的等於冷廟裏面的和尚的位置。自然在這裏也還有人的關係（八七會議以後，沒有人的關係，在中共黨內簡直是不能存在的）：李立三對於劉少奇的鄉情，比對於毛澤東還更濃烈，因爲劉少奇不僅是湖南人，而且是李立三的小同鄉醴陵人（毛澤東是湘潭人）。

羅綺園這個人，除了廣東有一部份人知道他以外，在黨內一向是不十分知道的。他是廣東農民運動的領袖，與彭湃齊名，而且在組織關係上，他一向居於彭湃的領導地位。他是廣東省農民協會的最主要組織者與領導者，也是五大以前的廣東區委（等於以後的省委）農民部長，同時是廣州時代的國民黨的中央農民部秘書，這個人的面孔瘦得只剩一張黃色的臉皮包着一個並不偉大的腦袋。他倒是中共黨內一個不求名利的埋頭苦幹的工作者。他不是一個演說家，除了對廣東農民講話以外，他很少在任何場合演說。不過和大部分不歡喜演說的人一樣，他歡喜寫文章；他的文章寫得相當幽默，充滿着滑稽之感，讀了使人發笑。因爲他是一個與人無爭的人物，而且他是彭湃最信服的同志，那時的他，（他在廣東的海陸豐建立了一個『蘇維埃』，支持了將近一年以後，被李濟深的軍隊掃蕩了）似乎比毛澤東還更有名，李立三爲了拉攏彭湃，所以也得拉攏羅綺園。他又是周恩來廣東區委的同事，有着不算壞的感情，所以羅綺園之『入閣』（中央委員在中央當部長，被稱爲入閣），是情理中事。在這裏要順便提到，沒有好久，羅綺園就與楊匏安同時在上海被捕，而且同時伏屍於上海漕河涇的刑場。旣然提到了楊匏安，不能不再順便說幾句。

楊匏安是廣東最有權威的同志之一，不過因爲他一向參加國民黨的工作（他是國民黨中央組織部的秘書，包括整個的廣州時期與武漢時期），所以在廣東以外的黨員中，知道他的很少。但他實在是一位能力卓越的黨員。他是譚平山的秘書，也是他的最得力的助手，沒有他，譚平山也許會默默無聞，不是嗎？我們看到在他離開了譚平山以後，譚平山就像是一個被解除了武裝的老卒，一無能爲了。他在一九二六年的國民黨第二次全國代表大會時當選爲中央執行委員，在一九二七年的五大上，他第一次地當選爲黨的中央委員，六次大會又繼續當選了。譚平山離開中共的時候，他並沒有離開。他比羅綺園更瘦得厲害，腦袋這一部分完全和峨嵋山的猴子一樣，不同之點在乎猴子的眼睛是凹進去，而他的眼睛是突出的。他被捕的時候擔任什麼工作，我不十分清楚。

惲代英在六大以後的新中央沒有擔任什麼重要的工作。自從李立三專政以來，惲代英受着最嚴厲的迫害，後來終於與鄧中夏同時被李立三斷送了性命，這我們放在後面再寫吧。

在這裏，有一點是非常重要的，不能不在這裏說一下，那就是全總的委員長蘇兆徵之死。

一九二九年春天的紅旗日報上，發表了向忠發追悼蘇兆徵的文章，不待說，這篇文章是由別人提筆，不過簽上了他的一個遺臭萬年的名字而已：我們已經不止一次的說，這個卑劣的划船夫是目不識丁，胸無點墨，像張宗昌一樣，拿起筆來，在他覺得比一架手提機關槍還更重十倍。）用貓哭老鼠假慈悲的調子，宣佈了蘇兆徵的死耗。這樣，大家才知道蘇兆徵是死了，而且是「病」死的。

人誰不死？尤其是病死是一件很平常的事情，原不值得我來多講。不過這次蘇兆徵之死，實在死得有點古怪。如果我們是聽到了向忠發病死的消息，那末我們會在快慰的情緒中帶來一點滑稽之感，以爲他害的一定是楊梅瘡，因爲他嫖得厲害。如果是瞿秋白病死了，我們可以斷定他是色癆。可是當紅旗日報宣佈了蘇兆徵的死耗以後，黨內的同志都感到一種沈痛的情緒，至少大部分的同志是如此。

因爲不僅他是大家所崇敬的人物，而且他這次死得不明不白。現在，讓我們簡單的介紹一下。

蘇兆徵是廣東人，一向在香港當海員。中共成立不久，他就加入了，而且是華南海員工會一個最活躍的份子。一九三五年與一九三四年香港海員的罷工，都是他領導的。一九三五年五卅慘案發生以後，他首先在香港發動海員的罷工。六二三沙基慘案給了他一個更活躍的機會，偉大的省港罷工發生了，他是罷工委員會的委員長。七萬多人（對外的宣傳是二十多萬）的省港罷工支持了十八個月，這不但在中國的工人運動史上，就是在世界的工人運動史上，也是空前的。也就是省港罷工，使蘇兆徵這個名字在英國和美國的『世界名人錄』佔了一個地位。一九二六年五月在廣州舉行的第三次全國勞動大會，推舉他做全國總工會的委員長。一九二七年三月，武漢國民政府新設立了一個農政部和一個勞工部，他就被任爲勞工部部長，那是一個月薪一千二百元的特任官。黨的五大選舉他爲中央委員；一九二七年五月的第四次全國勞動大會仍選他爲中華全國總工會的委員長，不過他因此而得罪了向忠發，因爲這划船夫也夢想着這個位子，他的死因，或伏於此。廣州暴動以後成立的蘇維埃政府，因爲他的威望而推舉他做委員長，但他沒有到任，據當時黨的中央宣佈是他病在上海，可是，誰都不知道他究竟患了什麼病，病在上海的什麼地方？一種流言像颶風一樣的吹遍了上海的黨內，說蘇兆徵因爲與中央（當然是中共的中央）政見不同而被中央輭禁在一個什麼地方，有人說輭禁在吳淞，也有人說他已被『紅色恐佈隊』（特務隊）秘密處決，但這不大有人相信。甚至有人說他被向忠發用一種毒藥來迷糊了他的神志被送進了蘇州的瘋人院。總之，傳言是很多的，而蘇兆徵也的的確確的失蹤了。至少任何人都不知道他的消息，除了向忠發李立三少數一兩個人外。

現在黨忽然宣佈了他的死，怎能不令人懷疑呢？據中央所宣佈的，他是在上海霞飛路的一個小醫院裏死去的。這個醫院的名字並未正式宣佈，不過我們私人打聽的結果，說是惠羣醫院。於是我曾和幾個知己的同志作了一番秘密的調査（因爲如果被黨知道了，我會被紅色恐佈隊殺戮的）。惠羣醫院恐怕是上海灘上最小最簡陋的醫院了，我們假定蘇兆徵並沒有被中央所殺害，也不是爲中央所毒斃，而是眞正的病死在這個惠羣醫院（那是中央負責的人非正式宣佈的）裏，那末，我們也覺得中共中央也應該負我雖不殺伯仁，伯仁由我而死的責任。因爲這個最不堪的醫院實在不能稱之爲醫院，只是一兩個流浪的江湖醫生的騙局而已），就是一個最健康的人，在這個『醫院』裏面住上一個月恐怕也非死不可，何況是病人？黨誠然是窮，但我們想到向忠發李立三周恩來瞿秋白輩：都住在高大華貴的洋房和花園裏，而且都是狡兎三窟，揮金如土，而在工人階級中最有功勛與威望的蘇兆徵，却被丟棄在這個不堪的地方。而且這還是我們用最善意的推測。實際上蘇兆徵之死是不明不白的，正和水滸傳裏的武大郎一樣，自然，殺他的人的動機是和殺武大郎完全不同的。現在，旣不能起蘇兆徵於地下來問問他，他也不會像武大郎托夢給武松那樣顯靈給我們看；我們只能在他的死因上打上幾個？？？？？

蘇兆徵的外表，和大部分的中共要人一樣，是貌不驚人的。矮小身材上配上一個並不偉大的腦袋，樣子是猥瑣的；永遠穿着最壞的布短衣，絕不像其他共黨要人那樣闊綽。他不大寫文章但是能夠寫。他甚至不大會說話——普通話幾乎一句也不能說，只能說廣東的廣府話，以致他凡是在有外江佬的聽衆的場合講演，就必須用一個翻譯把他的廣東話譯成普通話。但是他的人格道德與能力，都是一等的，工人都愛護他，尊敬他，像他這樣一位眞正配得上稱爲模範的革命領導的人，和那些卑鄙齷齪的陰險小人相處在一起，其不明不白而死，豈非當然？因爲如果他不死，或者不『病』，那末中共黨內就不容許向忠發李立三之流的竊據高位了。

七 李立三與立三路線

六大以後是李立三的時代了，雖然周恩來也很紅，但正和一個會算命的人替周恩來算命所說的一樣，他的命是很好的，叫做『左輔右弼』（請原恕我這個無神論者——而且是澈底的無神論者對於星相術之無知，因而也不知道他們的術語）。這是很對的，他的一生永遠只有做別人的助手，而不能使自己成爲一個眞正的主腦。所以六大以後，雖然表面上是周李並稱，而實際上則是李主周賓。現在，讓我們再來介紹介紹這位仁兄。

李立三是湖南醴陵人，他有着一個中等的身材，一隻很長的面孔簡直像一匹馬的腦袋，所以他在黨內被同志們在背後罵他爲『馬面』，這是對着向忠發的『牛頭』而說。牛頭馬面是中國的神話傳說中閻羅王殿上不可缺少的小鬼，而現在竟做了黨的領導者，可不悲哉？可不悲哉！

在他的馬面上，有着很濃的眉毛，一個很醜的鼻子，一雙特別小的耳朵和一對特別厚的嘴唇。這些點綴不能使他成爲一個美男子，這也許是李立三一生最遺憾的事情。

他是留法的勤工儉學生，而且是『中國少年共產團』的發起人之一。這個團體差不多就是中國共產黨成立的時候同時在巴黎成立，最初並不屬於中國共產黨，直到趙世炎（也是勤工儉學生，中國少年共產團的第一個發起人，在中共黨內，他與陳延年同時稱爲『最有政治天才與組織能力』的人物，五卅以後，會繼李立三爲上海總工會委員長，用『施英』的假名，在嚮導報上發表關於上海罷工的文章。清黨以後，在上海的施高塔路被捕，與陳延年同時槍斃在上海）在莫斯科會到了陳獨秀以後，才決定隸屬於中共，並故稱爲『中共旅法支部』。李立三是這個團體的活動份子之一，時常在牠的機關報『赤光』（油印的華文小型刊物，在巴黎出版）上發表批評國家主義的文章，因爲國家主義派是留法的共產主義派那時爭鬭的對象。

他大概是一九二四年或一九二三年回國，參加工人運動，五卅慘案發生以後，他擔任了新成立的完全在黨領導下的上海總工會的委員長。當上海的五三十高潮低落時，他被派到莫斯科去出席赤色職工國際會議，而且當選爲赤色職工國際的委員，因爲五三十運動已經使他在國際的職工運動界博得盛譽。

一九二七年春天，正當武漢政府的時代；但短命的武漢政府不久就壽終正寢了。他在武漢清黨以前與其他的中共要人一同到了江西，參加了七三十一的南昌暴動，他是幾十個革命委員之一，而且是革命委員會主席團的副官長；這使他第一次穿上了軍裝，雖然他並不懂得立正稍息，像今日多數青年所熟練的那樣，而且他敬禮的時候幾乎握着拳頭，這種形式雖然後來被法國和西班牙的『人民陣線』（那是一個荒唐的名詞，不待說馬克思主義的辭典裏是沒有的，這又是約瑟夫的傑作！）採取爲「人民陣線式的敬禮」（李立三沒有在世界上取得這種握着拳頭敬禮的專利，實在是可惜），可是在中國究竟有點那個，然而他却歡喜穿軍裝，也許他以爲這樣可以使他威武一點，其實是他的尊容更醜了。副官長的地位，實際上等於一個勤務兵的領袖，他就是這樣很殷勤地服侍着『譚主席』（平山）

一見了譚平山就立正而且握着拳頭敬禮，幸而譚平山和譚平山的衞士都深知道這位副官長像狗一樣的忠誠，不疑心他是握着拳頭來和主席打架。後來還是平山過意不去，又使他兼了一個『政治保衞局』的局長，就等於格伯烏的主席。這個差使對於他是非常適當的，據說他在路上（南征軍中）只是到處去徵發老百姓的金錢和食物。無疑的，他倒是一個綁票敲竹槓的能手。有人說他在這個時候發了一點財，這也許是冤枉了他。南征軍失敗以後，他回到了上海參加以瞿秋白爲主幹的中央的工作。瞿秋白的庸懦引起他的輕視，也引起他的野心。他對瞿秋白施行一種壓迫，使後者幾乎不能呼吸。於是瞿秋白想排擠他，派他當廣東省委書記，說到要手腕，瞿秋白不是他的對手，他預先聯絡了周恩來和收買了向忠發，對瞿秋白來了一個反抗，廣東之行，抗不奉命。瞿秋白在無可奈何的情形之下屈服了，讓了一部分權利給他，於是他在中央的地位就一天天增高起來。在六次大會中，他獲得了勝利，奏着凱歌回到上海。中央的總書記和中央政治局主席名義上雖然是向忠發，但這是一個傀儡，一個木乃伊，不在他的眼中，他以中央政治局常委的資格，一手包辦了中央政治局，因爲向忠發既根本不懂政治，周恩來也不和他爭權。誰都知道，政治局是共產黨裏面最重要的機關，李立三既把政治局拿在手裏，自然可以爲所欲爲了。何況他可以中央宣傳部長和中央黨報編輯會主席委員的資格，完完全全地把持了一切黨的出版機關，這對於他的權威的增加有着極重要的作用。不久，我們就可以看到他得意忘形地自謂爲『黨的政治理論中心』了。

由於中共中央其他一些人的無能，他在中央的權力一天天增高起來，簡直把中央完全掌握在他手裏了。這就是後來的所謂立三路線時代。在這裏，我們不想談到所謂立三路線的內容，因爲那是另有理論家來分析的。在這裏。我想談到的是三點：（一）李立三的個人的品格；（二）李立三的作風及其企圖（也就是所謂立三路線的戰略與戰術）；（三）李立三與黨內各方面的關係及其演變（關於這一點放在後面談）。

先來說第一點。要說到一個人的品格是不容易的，因爲這裏不能不涉及私德，而涉及個人的私德是爲『君子』所不許的。在這裏，我要求那些『君子』們的原諒。

我沒有屠格涅夫，崗察洛夫，托爾斯泰，杜思退也夫斯基和阿志巴綏夫的天才，我不能從我這枝拙劣的筆下來活生生的描繪李立三。不過，這些俄國的大作家也許已經替我們這位『政治理論中心』李立三描繪過了，雖然他們並不認識李立三，但那有什麼關係呢，施耐庵並不認識宋江，阿Q並不是魯迅的親戚。

不過，在俄國大作家的作品中要找李立三的典型，那並不是很容易的事情。托爾斯泰的小說裏面是完全全找不到他的。他也不是羅亭，不是巴扎洛夫，不是英沙略夫不是李維諾夫，不是涅斯大拉夫和羅素明（以上六個外國人，是屠格涅夫的名譽『羅亭』，『父與子』，『前夜』，『煙』，『處女地』裏面主角）；也不是『罪與罰』（杜思退也夫斯基的名著）裏面的亞恩科里涅可夫；也不是『沙寧』（阿志巴綏夫的名著）裏面的沙寧。

啊！感謝上帝！我的主是慈悲的，眞的有鴉片煙的興奮作用，牠使我想起來了，我在崗察希夫的小說『懸崖』（那眞是一部妙到了極點的傑作！）找到了李立三的影子，那就是書中的女主人翁薇拉的愛人，政治流放犯馬洛夫（我也許把他的名字記錯了，因爲讀過『懸崖』已經有好幾年了；而且，

[illegible]我有一個最不好的習慣，我常常會忘記或錯記我所不歡喜的人的名字，例如我常常會把中共裏面大名鼎鼎的『領袖』之一的『主明』，錯記或錯寫為『王八』。關於這位王八——不！是王明，我在後面還有機會寫到，在懸崖裏面，我愛微拉，而且很熱烈的愛拉，簡直比賈寶玉愛林黛玉還愛得厲害，但我討厭她的愛人，我敢在上帝面前發誓：決不是為了與他吃醋，而是因為他侮辱了社會主義，所以我也許把他的名字記錯了。謝謝上帝！微拉後來也不愛他了，雖然他並不對我表示愛情是一件千古遺憾，然而，也只有上帝知道，微拉是在什麼地方）雖然不十分逼真，但馬洛夫也可說是李立三的具體而微。他因為讀了蒲魯東的『財產是贓物』這句名言，去偷吃別人園子裏的蘋果和別人書房裏的書籍。也騙了愛人的表兄的錢。這決不是『社會主義者的道德』，恰恰相反這是一類最無恥的，而且在社會主義的道德上說起來是一種完完全全的罪行。可是，馬洛夫吾道不寡，他在中國得到了一個同志。就是我們的『政治理論中心』李立三。而且，青出於藍而尤勝於藍，李立三在社會主義的道德方面表現得比馬洛夫更偉大得多。馬洛夫雖然拿蒲魯東來作盾牌，也只偷吃了幾個蘋菓和偷了幾本書，而我們的『政治理論中心』，卻在反對私有財產制度的藉口下，不告而取的去拿了一位朋友的裝滿法幣——不！我說錯了，那時還不叫法幣而叫做鈔票——的皮夾。李立三對於這件大胆的行動上是振振有詞的，我們既然反對私有財產制度，那末，為什麼我不能用他身邊的鈔票呢？這也許是很有理由的，不過按照孔老夫子作春秋的筆法，則：不告而取謂之竊；竊者偷也；偷者賊也。那是太不好聽了，好在我們反對孔夫子，主張打倒孔家店。

中共黨內的『牛頭馬面』——向忠發與李立三，是一對半斤八兩的淫棍（同時，我們還得順便說到：黃平與葉劍英是一對半斤八兩的風流種子；這兩者——向李與黃葉——的分別，是前者常常去姦淫並不愛他們的女子，而後者則頗能得女子的歡心，用不到强姦。按之春秋筆法，自然有別）。他們倚仗自己在黨內的權威，强姦女同志。李立三在這一點上表現得更爲過火，他不僅常常去强姦尙無對象的女同志，而且常常强姦同志的妻子。爲了他這種不可原恕的獸行，曾經造成了多少慘劇。不過後來他的倒台，在這一點上也不無關係。

猜忌與殘忍是李立三的天性。中共中央的『警察政策』（出典於陳獨秀給中央的有名的『第三封信，』一九二九年）是李立三創立起來的。李立三用各種各樣苛細的方法來監督每一個同志的一言一動，其網羅之密，勝過於武則天時代。他對於同志的手段是最殘酷的。他用殺戮和借刀殺人的手段來對付他的『個人反對派』（就是凡是反對他的人）。在黨內不十分有名，或者擔任特種工作的人，如有反對他或不同意他的，他就任意命令中央特務隊解決了他。中共中央的特務隊，是以殺人——特別是以殺自己的同志爲職業的組織。許許多多這樣反對李立三，甚至只在言詞之間略有不順的同志被在李立三的命令之下殺戮了。至於稍爲有名的人，李立三就不能這樣對付了，因爲那是會引起黨的大糾紛的，李立三深知道這一點，所以他用着巧妙的其實也是笨拙的借刀殺人的方法。他把這些同志派到環境最惡劣的地方去工作，那簡直是使他完全不能生存的地方。在這種場合，李立三無異於把自己的同志，黨的最好的幹部，送到對方的劊子手的手裏。這種悲慘的故事之多，有如恆河沙數，一一列擧，勢不可能。李立三甚至用這種卑鄙狠毒的手段來對付黨內的威望極高的屬於第一流地位的同志。在這裏，我只擧惲代英鄧中夏這兩個人爲例。他們就是被李立三這種卑鄙狠毒的手段送了性命的。

先說惲代英，這個名字是五卅時代的青年誰都知道的，而且，有無數的青年崇拜他。這位面貌酷似朱執信（性格亦有點相似。我不認識朱執信，不過據葉楚傖先生說，代英不僅外貌如執信先生，性格亦有點相似。）的革命家，的確是一個堅苦卓絕的人物。在中共黨內，堅苦卓絕的人物不是沒有的而且也許很多。可是總沒有一個人能超過代英，代英簡直是一個黨內人格的化身，有無產階級聖人之稱。

他不僅在品格德性方面是卓越的，而且，他的見識和能力也是一等的。他對於理論有深刻的研究，在理論水準低下的中共黨內，無疑應該屬於第一流的理論家。但他正因爲如此而反對李立三的作風和一切左右傾的機會主義，自然包括盲動主義在內。他無疑是中共黨內的第一名演說家，直到現在，我們還找不到另一個人可以和他比擬。他的文章和他的演說同樣的好到極點。他的筆豈僅是一把鋒利的匕首，簡直是一架機關槍，一顆一千公斤的炸彈。他的文章流利得像富春江的清泉，雄壯得像錢塘江的秋潮。當然，他還是最好的組織家。他的判斷是不會有錯誤的，他的指導，是那樣的正確，全黨的同志，尤其是青年都愛護他，尊敬他。像這樣一個了不起的人，就是他不反對李立三，李立三也不容許他存在的，何況他又不同意李立三的政治意見，他之死於李立三之手，固爲不可避免之事。

他是湖北人，在武昌中華大學畢業以後，曾到四川去辦過報，鼓吹新文化運動，所以四川的前一代的青年對於他都有深刻的印象。馬克思主義研究會（中共的前身）成立以後，他就參加了，所以他是中共最早的成員之一。在五卅以前，他的大部分時間是在ＣＹ（ＣＹ在四次大會以前稱爲ＳＹ）中央工作，正因爲他是青年崇拜的偶像，他是ＣＹ的中央委員的中央宣傳部長。ＣＹ的中央機關雜誌「

中國青年』就是由他創辦的，他用代英或但一的名字發表了許許多多的文章——不僅是在『中國青年』上，也在其他的黨辦的或同志辦的刊物上。上海各大學時常請他講演，他是上海的——也是全國的知識青年最活躍的一個人。

奉軍的摧殘使五卅高潮在其發源地的上海受到傷害(當然還有其他許多複雜的原因)，孫傳芳的高壓差不多結束了在上海的五卅運動。惲代英在壓迫之下，離開了上海，那是一九二六年的年頭，他偕同許多同志（其中有後來爲最有名作家茅盾——原名沈雁冰，茅盾這個名子那時還沒有在地球上出現過）到了革命策源地的廣州，去參加中國國民黨第二次全國代表大會。他一向同時參加國民黨工作，在上海時，他是中國國民黨中央執行委員會上海執行部（國民黨二次大會以前，在上海北京漢口哈爾濱都設有中央的執行部，二次大會後取消了）宣傳部秘書，也是較後一點成立的上海市黨部的委員；他就以上海市代表的資格來出席國民黨的二次大會。在二次大會上，他當選爲中央執行委員。而且被聘爲黃埔的中央軍事政治學校的政治主任教官。

一九二七年春夏的武漢政府時代，代英是最活躍的份子之一。他兼着許多的事情。他是國民黨中央的常務委員，是湖北省政府的委員，但他的主要工作却在中央軍校（原來的武漢分校），他是武漢軍校的校務委員（已經取消了校長制）；再後一點，他又兼任了總政治部的秘書長。那時候，他每月的收入是很豐富的，但他每月自己只取三十元，其餘的都繳到黨裏來（照中共的黨章所規定，黨員的收入，自己至多只能用一百五十元，其餘全部交出來作黨費）。他住的地方是不堪的——武昌一條偏僻的街上的一個舖子裏面，兩間沒有光線的房間，晚上也沒有電燈。

就在武漢的革命高潮中，他在武昌舉行了一個完全舊式的繽紛的結婚儀式。在萬目睽睽之下，他穿着長袍馬褂，行着三跪九叩首『花燭點禮』而面色不紅。我們嘲笑他的厚臉，我們要大鬧新房，但他却以『疲勞得要命，想睡覺了。』的藉口拒絕了我們。在這裏，我們必須說一說他的私德是卓越的尤其是性道德。我們知道，馬克思和列寧的性道德都是很好的。不知道爲什麼原因，也許是一種『風水』的關係，中共黨內的同志，大多不注意性道德，他們亂軋姘頭，甚至强姦女人，牛頭馬面的向李就是顯例。代英却是一個例外，他從不鬧戀愛的把戲，而且總是勸青年同志不要玩弄戀愛，因爲據他看來，戀愛必然要妨礙革命。他的第一個夫人是一位講三從四德的舊式女子，死了以後，他續娶了他的一個古董式的姨妹。他從沒有對任何一個女同志或女子有過一點輕薄的表示。在這方面，他比孔夫子還更嚴肅得多。自然，他並不是生理上的畸形人；生理上的要求在他正和別人一樣的强烈。

武漢淸黨後，他到南昌去參加了七卅一的暴動。他是革命委員會委員，而且是主席團之一；此外，他還兼任了革委所屬的宣傳委員會的主任委員。

南征軍失敗以後，他從潮汕到了香港，在香港接到中央的命令，派他爲香港招待處主任，招待從潮汕流亡來的同志。後來，他又被命令參加廣暴，做了廣東蘇維埃政府的秘書長。廣暴失敗以後，他回到了上海。瞿秋白和李立三都壓抑着他，使他沒有抬頭的機會，因爲他們都怕他在黨內的威望。他在黨的中央機關報『布爾塞維克』發表了幾篇文章，在一篇『論施存統的革命理論』（刊載了兩期）的結論上，他帶有一點恐嚇性的寫道：『磨刀霍霍殺猪玀，施存統：我們要不客氣了。』害得施存統在家裏躲了幾個月不敢出來。可是以後，李立三連他的文章也不給發表了，當然是不怕嚇壞了施存統，而是他的文章的有力量使李立三怕他動搖了自己的『黨的政治理論中心』的地位。

從此以後，代英在黨的處境一直很惡劣。在一九二九年下半年，曾一度盛傳因爲前委書記毛澤東的『病篤』（實際上他並沒有病，甚至連失眠症也沒有），中央擬派代英去代理他的事情。可是這個事情並沒有實現。

代英雖然處於不得志的地位，但他是一個中央委員，可以出席中央的會議，他在會議上始終與李立三作着關於政治路線的爭執。他使立三頭痛，甚至使立三寢食俱廢。把他殺掉了吧，那是極危險的事情，他在黨內得到最多同志的擁護，而且是一種出乎赤誠的擁護，李立三貿然開了他的刀，那會引起全黨的憤怒。把他開除黨籍吧，那是不可能的，他沒有一絲一毫的錯誤可以給李立三做藉口。雖然欲加之罪，何患無詞，但這樣莫須有的處置可施之於別人，而不能施之於代英，因爲代英在黨內的名譽太好了，大家用一顆赤心信任他，如果他會被黨開除，那末，這並不是證明了代英的錯誤，而只是證明了黨的破產。

可是，李立三決不容忍代英在黨內發揮他的潛勢力，雖然是一種不自覺的發揮。李立三很明白：只要惲代英在黨內一天，他（代英）的威望就存在一天。要把他驅逐出黨既不可能，於是李立三下了一種決心，要把惲代英從活的人類社會上消滅。

如前所述，特務隊的暗殺是危險的，而且即使他下了命令給特務隊，特務隊是不是肯去暗殺惲代英，也大是疑問。的確，代英是太可愛了，大家愛他。然而李立三是有辦法的。他想出了一個借刀殺人的辦法，他派惲代英去當滬東區委書記。這是一道荒唐的任命，因爲那個區委只是黨的一個縣（市）委以下的下級組織，和五大以前的區委完全不同。以代英這樣的資望地位能力，派他去到一個下級組織裏工作，這是絕對荒唐的事情。如果在別人，一定會拒絕這個任命，而代英卻毫不猶豫的接受了這個使命，而且當天就到滬東區委去工作。因爲他始終是黨內的一個模範，他雖然批評着中央負責人的路線，但他絕對服從黨的命令，雖然明明知道這道命令要送他的命，而且又明明知道隱伏在這道荒唐的命令後面是李立三要置諸死地的卑劣狠毒的用心，可是他還是以殉道的精神到了滬東。

滬東區委是上海七個區委（滬東，法南，滬西，閘北，浦東，吳淞，滬中）之一。區委書記的職務必須要深入群衆中去，他不僅到各個工廠支部去出席他們的會議，而且還要親自率領了羣衆到街頭去示威（那時候的街頭集會又是那麼頻繁）。這種任務原只有黨內不著名的不爲官方所注意的下級人員去擔任。李立三就是想把惲代英的腦袋送給劊子手，所以才派他去擔任這個絕不相宜的工作。他知道代英不僅會毫不猶豫的接受這個使命，而且一定會最努力最誠懇的去執行任務。這樣，惲代英的腦袋就不會再保持到好久了。

果然，一切都有如李立三之預料，代英親自跑到他的工作區域的每一個角落去，他親自去參加每一次街頭示威，而且總是手執紅旗，走在羣衆的前頭，甚至還到電線木上去寫標語。他是那樣地勇敢，那樣地純潔，那樣地令人感動！但是不可避免地，他被補了，而且被捕的時候因爲和警探毆打而被打得血流滿面。官方做夢也沒有想到這個做下層工作的人，就是大名鼎鼎的惲代英。他們只知道，中共黨內的要員，都是深藏洋房裏面，出必汽車，住必花園。這也是事實，但代英是例外，他們當然不會想到。他們只知道這個滿面流血的反動的工人是叫做王小三。他以王小三的名字入獄，被地方法院判他三年六月的徒刑。這是意外的，非李立三，或惲代英所能想到的。

後來，他被解到南京，關在中央模範監獄，度着『王小三的監獄生活』。這簡直是辜負了李立三的苦心。但是上帝是慈悲的，他不使他的信徒李立三失望。中央模範監獄裏面有一個判了七年徒刑而已經執行了兩年半的混蛋的傢伙發現了，這名叫王小三的工人就是惲代英他向官方的特務機關告密。代英面上的傷痕也早已沒有了，果然就是惲代英，一點不錯。於是，李立三的志願完成了，惲代英被送上雨花台去槍斃了，而那個告密的傢伙被釋放了。現在，這個傢伙，就是那個告密的叛徒，據說已被中共恢復黨籍，而且在新四軍擔任重要工作。那是應該的，一則，他有殺代英的功勞（雖然是間接的），再則現在的中共整個就是叛徒與不肖門徒的混合體。

李立三用同樣的方法來殺掉了鄧中夏。在國內，知道鄧中夏的人或者比惲代英少一點，但無論從地位能力來說，他在黨內無疑是屬於第一流的人物。他做上海大學的教授，附中的主任。後來參加工人運動七萬多人支持了十八個月的省港罷工，是他和蘇兆徵兩個人領導的，而實際的作用，他比蘇兆徵更大。他是省港罷工委員會的黨團書記，黨就是通過了他來領導省港罷工的。他在黨內的勛勞是太家所知道的。他是歷屆勞動大會所選出來的全總的委員，也是黨的中央委員。爲了他的能力與在黨內的的功勛，尤其是爲了他不依附李立三，而且對於李立三常下批評。於是李立三用對付惲代英的方法來對付他，派他去當滬東區委書記。自然，李立三的方法比砒霜還靈，鄧中夏不可避免地在浦東被捕，而且槍斃了。

李立三用這種方法來對付了許許多多人，如果一一寫出來，那會比上海公共租界的電話簿還要厚得多。

再說到李立三的作風——也就是立三路線的戰略戰術。這又牽涉到理論問題，但我們又不能不稍爲說一說。

我以爲朱其華的話說得很對，他說『立三路線與反立三路線鬬爭，這裏主要的實在是一個人的鬬爭，一個領導權的鬬爭，而不是理論的鬬爭。如果一定要指出這兩者的區別，那末，李立三是代表了城市小資產階級而毛澤東是代表了鄉村小資產階級。他們同樣是列寧在左派幼稚病第四章所描寫的瘋狂的反動的小資產階級社會主義者，他們同樣是盲動主義，不過李立三的眼睛瘋狂地望着城市，而毛澤東願意把他自己埋葬在農村中』。這幾句話是非常正確的，關於所謂反立三路線鬬爭的眞相，我們放在後面再說。現在只是簡單的說一說李立三的抱負。

這個狂熱的城市小資產階級的革命家——李立三，在他的空虛的腦子裏幻想着一個蘇維埃的天國，這個天國並不是設在萬山叢林，或者落後的西北的窰洞裏面，而是設在大都市上，那裏有電燈，有汽車，有洋房，有一切舒舒服服的物質設備，自然少不了有摩登女郎的酥胸和粉腿，而且，更其少不了的是這個蘇維埃天國的主人是李立三——我們的『政治理論中心』。

另外一個人，就是現在被稱爲中國列寧的毛澤東，這位仁兄的糊塗的腦子裏也幻想着一個蘇維埃的天國，不過他的天國的理想與李立三不同，不是上海的愛麗園（就是哈同花園）或工部局大廈，也不是漢口的南洋大樓，或楊森花園；也不是南昌的百花洲，而是火車汽車和輪船——最好連飛機也不能到的深山崇嶺上，像施耐庵水滸傳中的梁山泊一樣。

李立三爲了要實現他的理想——更切實一點說是迷夢——所以在一九二八年底就命令毛澤東放棄四省天險的井崗山，而去佔領吉安進攻南昌。後來，他又拚命的命令進攻南昌武漢和長沙。他的理想總算實現了一部分（雖然只是曇花一現，像閃電一樣過去了）；『紅軍』在李立三的命令之下，佔領了長沙，而且李立三自封爲『湘鄂蘇維埃主席』。雖然不幸得很，當他正準備出上海起程，榮歸故里，回到長沙去時，長沙的紅軍早已被擊退了，他的醴陵老鄉何芸樵又回到了長沙。當他再發動進攻武漢和反攻長沙的時候，毛澤東對於他來了一個公然的怠工。而且，我們就可以看到，李立三的時代快要到了壽終正寢的時候了。不久，四中全會推翻了李立三的統治，『反立三路線』時代到來了，這放在後面再說。

在這裏再補說到李立三的『消滅赤色工人運動』的功勛。說一句平心靜氣的話，上海的資本家都應該感謝李立三。

李立三誠然是貫注其全副精力於『武裝暴動』，天天下命令催促進攻武漢，包圍南昌，襲擊長沙，但他對於上海工人運動，並未忘懷。爲了要表示他的一點面子——因爲他身在上海，上海的工作一向由中央直接領導——他極力去發動上海的純粹是盲動主義的破壞性的工人運動。他命令每一個工人同志強迫罷工。這也就是說他完全放棄了在工廠中的日常鬪爭而把所有的工人同志都送到監獄裏去。所以在一九三〇年的上半年，上海的工人同志間流行着這樣一句口頭禪：『黨領導到黃浦江去』。對於這句話必須解釋一下，因爲上海以外的人是不容易了解他的。跳黃浦江是上海最普通的自殺方法（國民黨上海市黨部和上海市政府的社會局在黃浦江邊立着許多木牌，上面寫着『死不得，不要死』之類的標語），所以這句話的意思就是說黨的領導政策，是一種自殺的政策。

果然，在一九三〇年以後，上海再沒有黨領導的工潮了。

八　毛澤東與朱德

現在我們必須來說武裝暴動，土地革命，紅軍和蘇維埃。自然，我們只能說得簡單到不能再簡單的幾句。詳細的研究『九年鬪爭』（這幕歷史的大悲劇，那需要有幾十種的大著作。

紅軍這個名詞，並不是在朱德毛澤東出世以後才有的。在中國歷史上，我們就看到元朝末年的劉福通的土匪隊伍就自稱爲『紅軍』（這也是偶然，劉福通的『紅軍』也曾一度佔領過江西的瑞金，而且以之作爲根據地，正和朱毛的紅軍一樣）。土地革命這個名詞雖然似乎不見於經傳。但我們知道，反對私有財產制度的暴動，無問中外，自古有之。我們且不說古羅馬的奴隸暴動，埃及的貧民作亂，就以中國歷史來說，已經書不絕書。黃巢的隊伍，總是把沒收來的財物，分給貧民，這實在比中國的『紅軍』還更澈底得多，因爲中國的紅軍雖然豎起了打破私有財產制度的大旗，可是他們却老實不客氣是沒收老百姓的東西，從沒有分一點給貧民。宋朝的王小波鍾相『革命』革得更澈底得多。然王小波雖沒有像毛澤東那樣做過中央宣傳部部長，但他的宣傳比毛澤東還更收到宏大的效果。他說：『我患貧富之不均，今爲汝均之』。鍾相雖然沒有像今日的毛澤東先生那樣穩坐在延安的山洞裏（如此可以不怕飛機）做『邊區政府主席』，但他的法令比毛澤東只知道殺人和徵發的法令更動人得多。他說：『法令貧富貴賤，非善法也：我爲法，均貧富，等貴賤』。對於這些，中共和毛澤東先生應該感到慚愧。

要說到紅軍，蘇維埃，土地革命這一連串的歷史悲劇中的題材，似乎不能不先說一說毛澤東，因爲直到現在（而且我們還能夠看到他還有一個短時期的將來）爲止，毛澤東不僅是集這些荒唐的題材之大成，而且，無疑的，他是這個時代的那一股逆流中的總帥。朱其華曾經這樣說過：『並不是黨領導了毛澤東，而是毛澤東主義領導了黨』，應該不是一句誇張的說法。雖然盲動主義的總帥似乎是瞿秋白，然而歷史證明：瞿秋白不過是毛澤東的前驅的小卒而已，正像反秦運動的發難者雖然是陳涉吳廣，而得秦之鹿的是劉邦。如果我們不能了解毛澤東及其所代表的思想的社會背景歷史意義，那末，我們就無法了解所謂『九年鬪爭』（那眞正是一個歷史的大悲劇！）及其所包涵的紅軍，蘇維埃土地革命這一類摩登的古董。不過，一說到這裏，主要的任務應該是理論的分析。但是在這本小冊子裏，我只想說一些輕鬆的故事（但又可以保險，不致輕鬆得讀了飄飄然，晚上睡不熟，因而患失眠症，甚至更嚴重的病症），不願意多談理論，甚至絕不談理論。我一向最怕我的健康的讀者，因爲讀了我的文章而生起消化不良的胃病（自然更壞的是生肺結核），和怕那些熱情的青年讀了張資平的小說會生楊梅瘡一樣。那些莊嚴的理論，讓別人去談吧，雖然我在這裏有時不得不偶然提到一些。主要的，我是想說說毛澤東是怎樣一個人？他是怎樣的建立起他的勢力？

解毛澤東是怎樣一個人呢？用朱其華的話來說：「毛澤東是一個不平凡的庸人」，這句話，實在費解。我以為：毛澤東不生在唐朝的乾符年間，或明朝的崇禎年間，而生在現代，實在是一種時代的錯誤。因為以他的才幹，最好是做黃巢李自成張獻忠的秘書，那末，他一定還可以從他們那裏學得一點更多的東西。可惜得很，他只能從歷史的著作上去追尋他的這些大師們。

他的容貌豐滿而平凡。四四方方的面孔，從麻衣相術的觀點來看，是一個有福氣的樣子。從美術的觀點來看，自然和梅蘭芳相差得很遠，不過他自己在青年時代非常自信的斷定自己是第一流的美男子。他的腦袋相當大，我敢保險他的腦子決不只五十格蘭姆。他的身材是中等的，相當的強健，但他的秉性上似乎賦有一點林黛玉的特質，時常歡喜稱病。雖然現在已經將近五十歲，但愛女人的熱情並不減於三十年以前。他是湖南湘潭的農家的子弟，父親是一個酒徒，而且是一位家庭的暴君。他在幼年和青年時代曾經歷過一些不幸福的生活。他做過舊商店的學徒，在田裏做過農夫的工作，也曾經當過兵。後來，不知怎樣又在長沙的第一師範畢了業，他到了北平（那時還叫做北京），在北京大學圖書館裏當了一名小職員。這給了他一個和許多書籍見面的機會。和其他許多熱情的小資產階級一樣，他昨天還是一個最反動的英雄主義者，而明日，他就變成——那完全全是『變成』——為一個『社會主義』者了。馬克思主義研究會成立了，他首先加入，而且在湖南組織了一個分會。中共在上海開第一次代表大會時，他代表湖南來參加。那一次大會人數很少，會場是在法租界的漁陽里，而且因為五個發起人（陳獨秀，李大釗，譚平山，戴季陶，邵力子）都沒有到場，所以大家的興致都不好。我也是代表之一，就在那時第一次認識了他，他給了我一個奇異的印像。我從他身上發現了鄉村青年的樸質——他穿着一雙破了的布鞋子，一件粗布的大褂，在上海灘上，這樣的人是很難發現的。但我也從他身上發現了腐爛了的名士派的氣味。他的頭髮長得像洪秀全部下的老戰士，面孔似乎從沒有洗過——至少是從沒有洗乾淨過：從他的頭頸上，從他的全身的皮膚上，至少可以刮下一斤以上的垢土；我於驚詫之下，嘆息可惜中國人不是個個像他一樣，否則外國的肥田粉在中國一定沒有銷路。我很怕他靠近我，因爲從他身上散佈出來的氣味，足以使我在辛亥革命以前吃下去的東西都嘔吐出來。但是世界上居然有女人（如丁玲女士者流）愛他，實在是咄咄怪事！

全場的人幾乎都把他看成瘋子——毛瘋子這個綽號就是從那時開始在黨內（甚至在黨外）傳播起來的——他喜怒無常，而且可以說是語無倫次。在會場上，他幾乎和每一個人爭執到要打架的程度，可是因爲他講話的時候——尤其是怒氣衝天的講話的時候的口涎四濺，使別人退避三舍，因而打架得於避免。大家原諒他的率直，甚至歡喜他的率直。後來我才知道在他的『率直』的後面，隱藏着一種眞正的狡猾。這大概是他後來取得權力的主要源泉之一。在這裏我們可以說，在講到權術這一點，他在中共黨內縱然不是首屈一指，但也總是數一數二的了。

他有一種一般湖南人的蠻勁兒，那無疑是一個優點。他的自信力是很强的，不過太過於誇大了自己。雖然我認識他的時候，他還是一個默默無聞的帶着强烈的鄉土氣味（這種氣味他始終是保持着）的湖南青年，但他卻絕對自信『三十年以後，掌握中國政治者，舍我其誰。』他並不把這句話當成戲言，常常咬牙切齒而莊嚴地對比較和他接近的朋友這樣說。因爲大家當他是瘋子（在黨內，甚至有許多和見面認識的同志，只知道他是「瘋子」而不知道他叫毛澤東）所以對於他的大言也只付之一笑。現在，屈指算來，已經二十年，我們的故人毛潤之已經掌握了全中國面積的百分之一的統治權，我非常躭心，此後的短短的十年是否能够使他掌握其餘的百分之九十九？那是太渺茫了。不過在他大概是以為有把握的，我曾經記得一九二一年秋天，一個溫和而美麗的夜晚，我和他在上海的一個酒樓上小酌，他在酒酣熱耳之餘，問我在中國歷史上，赤手空拳，沒有一點憑藉，而且沒有人提携，而能成就一番偉大事業的有那些人？我稍為思索了一下以後，答覆他只有兩個人：漢高祖和我們的國父。

『對！』他用拳頭來擊着桌面，以致紹興酒傾覆了，炒蝦仁也跳到了他的面上。他不慌不忙，就舉起右手來用大褂的袖子，拭去了桌上的殘酒與蝦仁，一面繼續很自信地說：『我毛澤東就是第三個。』

就是在以後——在他稍稍成名了的以後，也老是穿着大布長掛子。他的大掛的兩條袖子（中山裝亦不例外）是他的萬能的衛生隊，他用牠來抹拭一切不清潔的東西，也用牠來揩鼻涕。他這種天眞而勇敢的舉動曾經博得　國父的一笑。那是在國民黨的第一次全國代表大會結束以後的一中全會上，他以中央候補委員的資格參加會議，座位距離主席（總理）不很遠：當他神經式的發了一篇大議論以後，忽然之間，膿痰與鼻涕齊飛，他照例用他的大袖來抹拭，這種野蠻的行動使　國父驚奇不置。

這種過火的名士派的作風對於他究竟有什麼用處，我不知道。可是我的確知道他的那種濃烈的鄉土觀念對於他的事業的確有了很大的幫助（自然在別方面也有損害）。他不僅是一個大湖南主義者，而且還是一個大湘潭主義者。說他是一個國際主義者，那眞是天大的笑話。他常常說：『中國如為德意志，湖南就是普魯士』（我也曾聽過其他湖南人講過這樣的話）。因此，他是以一種熱烈的簡直是頑固的感情來愛好湖南人，自然尤其是湘潭人。所以無論他在上海，在北平，在廣州，在武漢的時候，他的公館門口總可以掛着湖南同鄉會的招牌而無愧。一些帶着比他或濃或淡的鄉土觀念的湖南青年羣集在他的門口，他總是以湖南人特嗜的辣椒與苦瓜來招待這些自稱爲『東方的普魯士』青年，使他們笑逐顏開稱毛潤之是一個好人。他在這些地方建立了他的初步的權力。在任何一種會議中，湖南籍的代表總是擁護他，投他的選舉票，簡直少有例外。不待說，他在最短期間就成了湖南黨員中的一名有權威的領袖。他以這種看不見的資本，去取得了中共的中央委員和國民黨的中央委員資格。

當國民黨第一次代表大會以後，在上海的環龍路區十四號設立的中央執行委員會的上海執行部，毛澤東任上海執行部組織部秘書。但他對於國民黨的工作從不曾熱心過一秒鐘。他以全力來擴大他在中共黨內的影響，而對於國民黨的工作完全置諸腦後，因而與上海執行部的負責人（國民黨員）相處得很壞。不久，他就以『腦病復發』的理由，離上海回湖南去了。其實他一點病也沒有，不過如我們在前面所說，他喜歡像林黛玉一樣的常常稱病。不一年，上海發生了五三慘案，顧正洪（他死在五三以前）與何秉彝（他死在五三那天，他與顧正洪都是中共的黨員）的血，引起了一個偉大的五三運動，中共的大大小小的黨員都動員去參加這一運動，只有毛澤東是例外，他依然在他的故鄉湘潭養他的『腦病』。不過，這對於他倒不是沒有意義的，他在那時生了一個『反革命』的兒子（他後來常常戲呼這個孩子爲『反革命』），那時他的夫人是他的一位恩師的妹妹楊開慧，她恐怕是中國女人中體格最微小的一個，可是她却能生出很肥大的孩子。女人的生理構造眞是一個不可思議之謎。但對於毛澤東最重要的一點，倒不是他的『反革命』兒子的誕生，而是他在那個時候對於農民運動有了更濃烈的興趣，也許他後來獻身的事業就是奠基於此。

可是，他究竟不甘寂寞，黨也請他『出山』，派他到廣州去參加民中黨團（國民黨中央的中共黨團之簡稱），而且由於黨團的運用，他被任爲國民黨中央宣傳部部長（原是汪精衞任部長，由他代理），這個職務對於他是不相稱的簡直有如古羅馬皇帝卡利哥拉委任他的馬做執政官一樣的荒唐。他對於宣傳一無所長，除了他對於他的小同鄉吹吹牛皮外。他並不是一位理論家煽動家。他的演說是劣到無疑爲最末流的演說家所不取。他的聲音完全是女人腔的湖南調，『貢鄂得了呢？』（譯音）——他的演說和談話中時常有這麼一句，把它翻譯起來，應該是『這怎麼辦呢？』有時候，他的發音低得就是坐在他面前的人也不易聽清楚，等到他把聲音提高的時候，那就變成了一種歇斯的里的狂叫。口涎水像廬山的瀑布一樣的從他口中射發出來，使一個小心謹愼的或明哲保身的聽講者會就心聽了他一次講回去會生肺病。同樣，他的文章也是拙劣的，也許舊詩是例外（因爲我看到過丁玲女士稱讚他的舊詩）。他的文章不僅有着催眠的作用，而且有着傳染病的毒菌，會使一個强健如牛的讀者因爲讀他的文章而生起病來。因此，請他來當中央宣傳部部長，實在是一個可怕的誤會。不過有人說，他的確是一個最適當的宣傳部長，因爲他演說時的像廬山瀑布一樣的口水，準定可以嚇死幾個外國人，至少可以嚇退他，因而不需要大砲與機關槍，單是毛澤東的口水就可以使帝國主義屈服在我們的面前。

不過，這四卡利哥拉之馬是不吃虧的，雖然他受到了國民黨方面的責備和自己同志間的批評（因爲他的工作一無表現；他在國民黨中央宣傳部當了七八個月的部長的結果，唯一的成績就是成立了一個只有不足一百本書的一個圖書館，而且那還是爲了安插他的一位小同鄉李翳子（一個老朽昏庸的典型）和另一位很年輕的小同鄉黃春源（他在抗戰初起時做徐特立的秘書）這兩個人的飯碗。），但他的社會地位却因此抬高起來。

最初，他依然稱病，時常躲在東山（廣州最美麗的住宅區）的一個醫院裏『養病』。在中央宣傳部，除了上述的圖書館以外，眞是一無表現。他的整個的時間化費在閱讀報紙。他利用中央宣傳部的經費，幾乎把全中國——不！簡直是把地球上所有的華文報紙（可憐得很！這位宣傳部長除了本國文字以外，不懂得任何一種外國文字）都定來了。天一亮，他就躺在床上讀報，一直讀到上午十點鐘開早飯的時候才起來。他眞是一個怪人，像蒙古人一樣，早上很少洗臉。一起來就挾着一束報紙上廁所，廁所裏一出來就吃飯；吃飯的時候當然也把報紙舖在桌上，邊吃邊看。如果沒有別的事情擾他，他就讀報一直讀到深夜。

中山艦事變以後的國民黨二屆二中全會通過了一個『整理黨務決議案』，結束了他的不光榮的部長的生活。但這對於他非常有利，因爲他掌握了一個新的與他非常有利的陣地。他做了中國國民黨的中央農民運動講習所的所長。他集中精力來辦這個『農所』，第一次的有計劃的訓練了他的幹部。他用着一種帶有很濃烈的封建意味的愛情來愛他的學生，不過他實在更愛孔夫子。中央農所所址是設在廣州的孔廟（因爲沒有其他適當的地方），一位學生偶然戲弄了孔老二的牌位，被他看見，赫然震怒，把這個學生關了幾天禁閉。

武漢政府時代，他在武漢當國民黨中央農所的所長。這是中央農所的第二期；第一期（廣州的）

畢業的學生已有任農運要職者，如方志敏之任江西省農民協會的常委。毛澤東之所以在農民運動中有一點基礎，得力於這兩期的農所學生者甚大。

被朱其華稱爲毛澤東主義的理論體系的，就是在這個時候完成。那時，他在兩湖出版兩本小冊子：一本叫做『湖南農村的階級分析』，一本題爲『湖南的農村革命』。在前一本書中，他的『獨特的天才』把湖南的農村分爲八個階段——這眞是異想天開的階段分析法，幸而馬克思早已歸天，否則他眞會笑脫牙齒。橘之生於淮北者爲枳，馬克思主義一到中國，就被我們這些不肖門徒曲解成爲這樣離奇古怪的東西了。

後一本小冊子是『毛澤東主義之理論的精髓』（朱其華語）。內容的大要是這樣的：中國是一個落後的農業國家，因而中國的革命是一個農民的革命。這裡農民的革命在湖南造成了一種典型（毛澤東因此連他的頭髮和汗毛都感到了光榮，湖南眞不愧是中國的普魯士）。這種農村革命的領導是那些鞋子沒有後跟，平時人人不齒的流氓地痞（毛澤東的的確確這樣說）。這就是毛澤東主義的全部理論的精華。他說得何等明白：中國的革命（自然是毛澤東式的革命）是農民的革命，牠的領導者是人人不齒的流氓地痞。毛澤東不僅是這樣說，而且是眞正地這樣做了。他所領導的革命，就是以流氓地痞爲中心幹部——他所領導的紅軍，蘇維埃，土地革命，武裝暴動等等的一切把戲中，確確實實是以流氓地痞爲中心幹部。他，毛澤東，不過是這一羣流氓地痞的總首領而已。至於他在蘇維埃和土地革命裏面究竟做了些什麼，在下面，我們將會簡單的寫到，在這裏再讓我們來對於他的描寫作一個結論。

毛澤東之生在我們這個時代，不僅是時代的錯誤，而且也是他的不幸。他自已的雄心想充一個英雄，而運命却安擺了要他來充當一幕時代的悲劇中的丑角。

是的，我們還必須說到另一個人，朱德先生。幾年來，大家都只知道朱毛，在北方，許多人以爲朱毛者，姓朱名毛，字赤匪，江西人也。進步的知識份子則能夠分別出朱毛是朱德毛澤東兩個人，但也很少有正確了解他們兩個人的眞正作用的。在中共黨內，則大部分的同志都能夠知道朱毛雖然齊名，而且似乎朱在毛上，但實際上則毛澤東在黨內的作用與地位，大大地超過了朱德，甚至不可同日語。

朱德是四川人，早年在雲南的軍隊（滇軍）中服務，因而有人以爲他是雲南人。他是現任國民革命軍第十八集團軍的總司令。他遠在辛亥革命的時候就當過雲南的省會警察廳長：蔡松坡雲南起義的時候，他是滇軍中的旅長。但此後，有一個長時期內不見他的活動，原來他出國了，他在德國繼續軍事。北伐的時候歸國。那時他早已加入了共產黨。他被任爲楊森的二十軍的黨代表，但是楊森的隊伍却拒絕他到差。這對於他並不算是一個損失，而且正於他非常有利。否則，他到現在，也許只是一個庸碌不足道的江湖漢而已。後來當了江西的省會公安局長。沒有好久，又當了第九軍的副軍長——那時第九軍的軍長是他的滇軍時代老同事金漢鼎。南昌暴動起來了，他當即參加，被選爲革委的委員，並且被任第九軍的軍長兼參謀團的參謀，不過他的第九軍全部只有一連人。南征軍失敗以後，他帶了他的殘餘部隊和二十五師周士第的殘部，由東江轉輾到了北江投降了范石生，收編爲一團人，駐軍砰石，又暴動起來，變爲『紅軍』，這是我們在後面就要說到的。

平心而論，朱德實在是一個很忠實的人，也正因爲如此，運命駐定他要當毛澤東的傀儡，那眞是可悲的事情。他的厚道正和毛澤東的奸詐作一種反比例的發展。他清清楚楚地知道了中共的錯誤，及其必然的沒落，可是他的那種混合著封建的小資產階級的『從一而終』的愚忠的觀念使他沒有勇氣把自己從他所不滿的桎梏中解放出來——就是說，封建的和小資產階級的兩重特質的愚忠使他沒有勇氣脫黨。我知道得清清楚楚：在中共黨內，存在著許許多多和朱德一樣的人物，他們很知道黨是在陷不可救藥的泥潭中，他們的領導者在出賣他們，同時在出賣階級和出賣民族，但是他們的那種愚忠的封建餘毒的觀念和小資產階級的死要面子的觀念混合起來，沒有勇氣的明明白白對錯誤鬥爭。他們痛苦地生存在黨內，毫無生氣，奄奄一息，像一具墓中的枯骨；他們以一種宗教的虔誠，來表示忠於革命忠於黨，以這種純粹宗教式的效忠來安慰他的精神上的痛苦。他不知道，黨已經完全地背叛了革命，出賣了階級和出賣了民族，也出賣了馬克思主義。他們不知道：勉强地留在這種反革命的黨內，只是使自己變成爲馬克思列甯主義和無產階級的叛徒，同時也使自己變成爲民族的敵人而已。

九、摩登的古董——紅軍、蘇維埃、土地革命

現在，讓我們來說一說紅軍，蘇維埃，土地革命，這一連串的摩登的古董的發展及其內容。我們之所以稱它爲摩登的古董，是因爲牠不是直至我們這時代才出現的，遠在陳涉吳廣以前我們已經有過這些大同小異的古董了。在前面已經說過：劉福通的土匪軍隊就稱爲『紅軍』；黃巢沒收了富人的財產來分給貧民；王小波宣告了私有財產制度的死刑；鍾相打破了階級制度。至於太平天國的『天朝田畝制度』實在比『中國蘇維埃』的土地革命與土地法令還更澈底與更嚴密得多。毛澤東先生及其同僚

們之不能專美於前者明矣。

至於中共的『紅軍』，大概最早的還是毛澤東的殘餘的農軍。原來在瞿秋白的兩湖秋暴失敗以後，毛澤東帶了他的一千多個殘餘的農民自衛軍流到了湘東贛西之交。那時他的軍隊已被稱爲紅軍，但沒有正式的名稱，更沒有番號。他的運氣眞好。當他的殘餘隊伍快要作鳥獸散的時候，他發現了在他鄰近蓮花新開到有余洒度的『中央第一師』，於是他就率領他的殘餘的農軍到了蓮花，與余洒度會合了。而且，很快地從余洒度手中把這枝『中央第一師』的隊伍奪了過來。

在這裏必須簡單的說一說余洒度及其所謂中央第一師。

余洒度是湖南平江人，黃埔軍校第二期的活動份子。北伐的初期，當黃埔同學會的宣傳科長；後來到了武漢，那已經是武漢政府時代，他當第十一軍第二十六師的參謀處長，不久，又調任新成立的第二方面軍總指揮（張發奎）部警衛團第一營營長。那已經是武漢淸黨的前夜。警衛團的團長盧德銘是黃埔第一期的，與余洒度同爲CP——整個的警衛團裏充滿了中共的同志。武漢淸黨以後，警衛團開到了江西。當他們將要到達九江時，得知了黨已經在南昌發動暴動，而且張發奎已經在九江準備他們到達九江時解決他們，於是他們就在九江附近登陸，實行叛變，將隊伍繞越廬山，原預備到南昌去追革命委員會，與他們合夥。但是他們在中途被朱培德的部隊所襲擊，受了相當的損失，團長盧德銘行蹤不明（大概是死了，因爲以後就沒有再看見他的名字出現。這個貴州人倒是一個挺忠厚的人），余洒度被推爲代理團長。但是他們已經不能到達南昌，而流竄到了贛西。在蓮花，他把他的隊伍改名爲『中央第一師』，自任『師長』。可是這位漂亮的青年軍官那時對於革命軍事行動已不感到興趣，他的聰明而熱情的心正被在遙遠的上海的十里洋場上一位女郎牽掛着。却好這個時候，毛澤東到了蓮花。這位老奸巨猾的人對於余洒度施行一種壓力，想把余洒度的軍隊奪過來，這簡直不費吹灰之力，余洒度把軍權交給了毛澤東，他自己飄飄然回上海去了。

毛澤東兼併了這枝隊伍以後，力量稍稍雄厚起來，他把他的隊伍編成爲「紅軍」，但似乎仍舊沒有番號。直到下一年（一九二八年）春間，在桂東酃縣（湘東）之間和朱德的軍隊會合以後，才把兩部分的軍隊合編爲「工農紅軍第四軍」，由朱德任軍長，毛澤東任黨代表（政治委員）。

這裏必須說到朱德軍隊與毛澤東會合的經過。

朱德之參加南征軍，已如上述。南征軍佔領潮仙以後，以韓江上游的松口瑠璜三河壩一帶爲潮汕後方重地，留朱德的第九軍（實只一連人）和周士第的二十五師駐在松口三河壩一帶，歸朱德指揮，警戒着福建和江西方面。當南征軍在潮汕全軍覆沒之際，朱德周士第在韓江上游的隊伍，也被廣西軍所擊敗。周士第往漳州逃到了上海，朱德兼併了二十五師的殘部，由東江轉輾遊竄到了北江的韶關。其時駐防韶關的第十六軍軍長范石生是朱德的滇軍時代的舊袍澤，朱德利用那種舊的封建關係投降了他。范石生把他的殘部收編爲一團，委朱德爲團長，使其駐防砰石。砰石是廣東靠近湖南的一個大鎮。朱德到這裏不久，廣州暴動就發生了，他在砰石鎮上也來了一個暴動。砰石這個地方是不能久佔領的，於是他開始在湘東南遊擊。不久就與毛澤東在桂東會合。

那時的軍隊雖稱爲紅軍第四軍，其實並沒有第一二三軍——一二三軍的成立是以後的事，其所以取名第四軍的原因，一則是朱毛兩部分的軍隊，主要的是張發奎的第四軍的舊部，再則，第四軍在當時是最有威望的一軍。

後來，他們游擊到了江西。當時駐防江西的政府軍大部分是雲南軍隊。倒不是由於紅軍的威力，實實在在是由於這些雲南軍的無能，使朱毛的軍隊壯大起來。當時第九師師長楊池生和第二十七師師長楊如軒的隊伍擔任去剿伐紅軍，但是這兩師軍隊實在太不行了，『紅軍』稱他們爲『輸送隊』，而且做了一隻嘲笑他們的歌，唱着『不費紅軍三分力，打敗江西兩隻羊（楊池生楊如軒也）』。這樣，朱毛的力量就一天天擴大起來。他們佔據了一個險惡的井崗山，毛澤東用火併王倫的方法，兼併了山上的土匪王佐袁文才之部。他一心一意把這個井崗山造成他的梁山泊。爲了要奪取一個潘金蓮式的女人，毛澤東殺害她的一個武大郎式的駝背的丈夫——是一個裁縫——而把她奪了過來，這就是現在的『毛主席夫人』。這個女人替毛澤東生了許許多多的孩子，可惜我現在不知道他現在是否還戲呼這些孩子爲反革命？就是在『二萬五千里長征』的途中，她還替毛澤東生了一個孩子，雖然那時候她的臀部已被中央軍的飛機所炸傷，然而這並不妨礙她的生產，因爲她是毛澤東的夫人，擔架抬着她走，所以在西康青海的草原中白骨連天（都是『長征』同志的遺骸），而且單是抬毛夫人的擔架就抬死了整整的兩連人（二百幾十個），而她安然無恙。

註：現在這位善於生產的的賀同志，早已充軍到莫斯科，代替她的寶座的是一位阿娜多姿能歌善舞的上海明星——藍蘋小姐。

可是，李立三却夢想着另一個『蘇維埃』的天國（我們在上面已經說過），他不願意把這個摩登的寶貝藏在深山之中，所以命令毛澤東放棄了井崗山，他們就游擊到了贛南，建立了以後『中央蘇區」的基礎。

現在必須來說一說別的紅軍和蘇維埃。

讓我們先說彭湃在海陸豐吧。

澎湃是海陸豐（廣東的海豐縣和陸豐縣）的農民王，也是紅色農民運動的創始者，對於他，我們不能不介紹一下。他是廣東海豐縣人，是一個大地主的兒子，留學於日本的早稻田大學。回國以後，做本縣（海豐）的教育局長，後來陳炯明（這個混蛋的反革命也是海豐人）請他做機要秘書。但是他不安於大地主和官僚的生活，他說看不慣在陳炯明的將軍府榨取之下的農民困苦的情形。於是他革命了，簡直像是小說中的一個奇蹟，他以唐，吉可德的勇氣，脫下了他的長衫，在鄉村裏去宣傳。起初農民當這位大少爺發了神經，後來，他們終於被他煽動了。他在農民中漸漸產生一種信仰，一種力量。他開始組織近代中國的第一個農民協會。他是成功的，農民加入這個團體的一天天多起來。這樣，時間的積累使他幾乎征服了海陸豐兩縣的全部農民。他們信仰他，服從他，這時候，他已經加入了中共了。

他是廣東省農民協會的委員，農協的東江特派員。一九二七年他到武漢去參加中共的五大，而且留在武漢籌備全國農民協會。全國農協尚未成立，武漢淸黨了，他與中共大多數的要員一樣，到江西去參加了南昌暴動，做了革委的委員。南征軍在潮汕傾覆以後，他由小路回到了他的故鄉海陸豐。他的號召力量是偉大的，一個可怕的暴動在海陸豐爆發了，而且立刻佔領了海陸豐的兩個縣城和大部分的鄉村。一個規模宏大的『蘇維埃政府』在海豐成立了，首領當然是彭湃。二十多萬農民擁護他，成立了一枝火器非常缺乏，指揮幹部也不健全的『赤衛隊』，人數倒有一萬多。後來，廣暴失敗以後，參加廣暴的殘軍退到了海陸豐，他們在路上推舉一個連長葉庸做領導者，把隊伍帶到了海豐以後，改稱爲紅軍第四師，就由葉庸當『師長』。葉庸是四川人，黃埔軍校第四期學生，是一個名符其實的庸人。他當『師長』沒有好久，就在官軍進攻海陸豐的時候戰敗被俘，當卽正法。

彭湃在這裏支持了幾個月以後，終於被李濟琛的軍隊掃蕩了。海陸豐蘇維埃傾覆了。但他在初期的『蘇維埃』運動中卻占很重要的地位。彭湃本人，在放棄海陸豐以後到了上海，任江蘇省委軍事部長。一九二九年夏，由於白鑫的自首，他與楊殷（廣暴時的肅反委員會主席，殺了不少的人），顏昌頤（被稱爲『無產階級的軍事專家』），和另外一個姓邢的店員同時被捕，槍斃在漕河涇。三個星期以後，中共中央的特務隊在蒲石路合坊暗殺了白鑫及其保鑣（那是一次大規模的暗殺案）。

賀龍自南征軍失敗，從香港回到上海以後，就被派回湘西去發動『土地革命』。這位被稱爲『中國的夏伯陽』（蘇聯內戰時代的一位游擊英雄）的人是值得我們來說一說的。當他由上海回漢口時，還帶了八隻駁殼和兩枝小手槍，一些軍事政治的幹部跟隨着他。那時滬漢間對於『共匪』查禁甚嚴，一個著名的共黨領袖都不敢在這一條路上旅行，而賀龍，他還帶了這麼多人與手槍，這簡直比這次英軍從敦刻而克撤退還更危險，還更困難。而他簡直大模大樣地通過了這條危險的航路，安如泰山。那倒不是什麼奇蹟，不過因爲他是某種會黨的首領，這種會黨在長江裏面有偉大的潛勢力。所以直到他安全經過了武漢，而且到達了他的桑植（湘西之一縣）的根據地以後，上海和漢口的報上才發表出來，說他帶了許多槍，通過了檢查嚴密的漢口。

他是湖南大庸人，不過他的鄉村離開桑植縣城比大庸縣城更近些，因而桑植對他是更熟悉更親近些，後來，就以桑植做了他的根據地，因而有許多人誤會他是桑植人。一九四〇年，他才四十四歲，但他的馳名却已經有了二十多年。他是一個早年得志的人物。

一般人想像中的賀龍，大概是小說傳奇演義裏面的張飛，李逵，牛臯一類的人物，縱不是三頭六臂，一定也是一個紅眉毛綠眼睛的傢伙。那完全是錯誤的。他誠然沒有梅蘭芳那樣的娟秀，但是白白胖胖，面容清秀，態度文雅，青年時代而且還曾以小白臉獲得了許多風流的湖南女郎的傾心。

賀家在大庸是一個大族，他的年紀雖然很輕，而輩份很高，在童年時代，他是水滸傳的九紋龍史進一派人物，不歡喜讀書，而歡喜武術，因而使他現在提筆桿如千鈞担，不過他的聰明使他能够讀很深奧的文章。民國二三年間，湘西大饑，人相食，賀龍就以一個十六歲的青年，以一把菜刀起事。那才眞是一個奇蹟。那是一個盛夏的美麗的下午，他——這個十六歲的青年，看見有一個張敬堯部下的兵士，正在河邊俯身取水來飲。那就是他的家門前的河旁。不知是由於什麼動機（我曾經當面問過他，他答覆我說『那時候是糊塗的』），他忽然神使鬼差般的回到他那久不擧火的廚房，取了一把菜刀，把那個還俯着身子取水喝的傢伙從後腦袋砍了一刀。這個傢伙腦袋冒出血來，滾下水去了。他結束了他的性命，而且奪取了他的背在肩上的槍。這個不幸的兵士是路過這個地方的，他們小村莊上是沒有駐軍的。駐軍是在離他們村子十幾里的一個小鎭上的一個關帝廟中，人數也極少。賀龍就以這一枝槍號召他的族中（因爲是一個大族，人丁很多）和其他的饑餓的農民起事，那天晚上，進攻這個離他鄉村十幾里的小鎭，佔據了這個地方，並且繳到了二十多枝槍，那簡直是一宗偉大的資本，他們就以這個力量——這個時候，饑民是愈聚愈衆了。暴動的力量愈來愈大，他們進攻桑植縣城，而且佔據了牠，獲得了一二百枝不十分精美的步槍。這樣，他們的力量已經足使當時的湖南統治者張敬堯頭痛了。這個十六歲的青年在一種神魂顛倒的勝利中做了這一群暴動的饑民領袖。因爲起義的是他的賀家子弟兵，他年齡雖輕，而輩份甚高。而且，這個青年的確胆大聰明，頗有材幹。

此後，他們常常被逼到山裏去當綠林，也時常攻陷桑植縣城，到後來，省長公署只有公開或半公開的命令桑植的知事，承認他們的半合法的存在，與他們非正式的合作，共同統治着桑植。自然他們的勢力已不限於桑植，還發展到大庸，永順，龍山，甚至還發展到湖北的來鳳與咸豐，最後，北京的中央政府也不能不承認他們的勢力。吳佩孚收編了他們，最初只是委他一個團長，但是很快就升了旅長，而且兼了鎮守使。北伐軍到了湖南，他在湘西響應，最初由國民政府改編革命軍第九軍（那時的軍長是彭漢章；後來在江西成立的金漢鼎的第九軍是另一回事情）的第一師，他被委爲師長。武漢政府的初期，他的隊伍改編爲獨立第五師，仍由他任師長，參加了河南討奉之役，歸張發奎指揮。這是他接近中共的初步。一個共產黨員周逸群（湖南人，黃埔軍校第二期生）做他的政治部主任。從河南回來，他的軍隊擴充爲第二十軍，他升任軍長。一個月以後，他在南昌與葉挺連合發動了一個暴動（實際只是一個兵變），成立了巴黎公社式的革命委員會。他是委員，而且是主席團之一。這個時候，他已被稱爲總指揮。但他之加入中共，却是十天以後，當南征軍到達撫州，在吃過了有名的撫州西瓜（比德州的西瓜甜美得多，而且異乎尋常的偉大——最大的西瓜有七八十斤一個的）與洗過溫泉（比臨潼華清池的溫泉還要好）澡以後。南征軍失敗以後，他逃到香港，在九龍被海關人員認爲私販子而扣留，五千元的賄賂使他得到了自由，他回到了上海，並且被派回湘西。他一到湘西，眞像孫行者回到水濂洞一樣，各洞的猴子猴孫都來參謁他，他幾乎不費力佔據了桑植縣城，而且在那裏成立了一個最糟糕的『湘西蘇維埃』，他做了主席。他的隊伍被稱紅軍第二軍。

後來——那是後來一年多，所謂紅軍第一軍在安徽的金家寨成立了。許繼愼被任爲第一軍的軍長。許繼愼是安徽壽縣人，黃埔軍校第一期的學生，是周恩來的一個忠實擁護者。武漢政府的後期，他繼蔣先雲（因爲他在臨潁瓦店之役陣亡了）任十一軍二十六師七十七團的團長，當他率領隊伍由漢口開抵九江時，賀龍葉挺已經在南昌暴動，張發奎在九江繳了他們的械，他自己逃回了上海。

當他到了皖西以後，第一軍發展得很快。在一個短時間內，簡直像是一個不可思議的奇蹟，他的隊伍從一二個人發展到了一萬多。毛澤東從來不認識他，他對毛澤東也沒有盡到應盡的尊敬。而且，他的隊伍是在鄂豫皖交界處，與在江西的朱毛相隔甚遠，毛澤東對於他，頗有鞭長莫及之歎。他的實力的飛躍的發展，更使毛澤東驚奇。他是不許另一個人在他的蘇維埃的天國裏與他爭雄的，於是許繼愼是到了該死的時候了。在一個莫須有的罪名之下（據說他與官方的曾擴情『勾結』準備『叛變』），毛澤東殺戮了他，而且殺戮了紅一軍的幾百個幹部。

朱毛力量的發展，已不是一個『紅四軍』所能容納了，於是又新成立了一個紅三軍，由朱德的部屬林彪任軍長；紅四軍的軍長亦由朱德改爲任仲豪。朱德已榮升『工農紅軍總司令』。不久，賀龍也升爲總指揮，他的紅二軍也擴充爲兩軍：周逸群的紅三軍與段德昌的紅六軍。

彭德懷從劉鑰部下叛變過來以後，被編爲紅五軍，由他任軍長。不久，他的隊伍也擴充爲兩軍，他的紅五軍和黃公略的紅八軍，以後，各種各樣的土匪和濫隊伍都紛紛稱了紅軍，廣西的俞作夷（前廣西主席俞作柏的兄弟）是紅七軍，方志敏是紅九軍（贛東），王似巍是紅十軍（贛東），古有成是紅十一軍（廣東東江），傅柏翠是紅十二軍（閩西北），胡公冕是紅十三軍（浙江温州），朱雅林是紅十四軍（江蘇南通），還有各種各樣的紅軍與土匪，那簡直是書不絕書。祇要有一二百個人，帶上幾十枝爛槍，中共就馬上給一個番號，封他一個軍長。

叛變過去的軍隊，除了彭德懷黃公略以外，還有廣西軍隊的李明瑞及一個姓楊的；四川軍隊的曠繼勛；湖北軍隊的李燦，以及孫連仲部下的季振同之流。不過除了彭黃以外，其餘叛變過去的將領不久以後都被殺戮了。

我不想在這裏編『紅軍軍史』，所以不必詳細敘述這些紅軍的歷史。至於『蘇維埃』，那是更繁亂了，凡是有『紅軍』的地方都有『蘇維埃』。至於所謂『中國蘇維埃臨時全國代表大會』是中共中央遷到瑞金（毛澤東把牠改爲『瑞京』）以後才召集的，這，我們在後面還要說到。

『土地革命』是一個歷史的大悲劇，我並不在原則上反對土地革命，反之我承認土地問題是中國革命的中心問題之一——但不是唯一的中心問題——不過如我在前面所一再申明的，我不願意在這裏多談理論，所以我準備在別的專門著作中來談土地革命，甚至於我還不能在這裏來詳細描寫中共的『土地革命』，因爲那是需要一部很大的專書的。在這裏，我只能簡單的說一說中共對於土地問題的政策之史的發展。

在五大以前，中共可以說完全沒有注意到土地問題，歷次的全國大會與中央政治局的會議只討論到農民問題，而沒有接觸到土地問題，更沒有土地革命這個名詞。第一個促使中共注意的是鮑羅庭。這位友邦的革命家？實在是第一個把他的紅色的眼睛透視到中國土地問題的人。在一九二五年起，就到處講中國的土地問題。在一九二七年春天的武漢政府時代，鄧演達頗受了他的影響，幾乎是有點過分的重視農民運動與土地問題。他不僅自己兼任了國民黨的中央農民部長，而且還組織了一個中央土地問題委員會，網羅了一些所謂『專家』（可憐得很——實際上只是一些書生，如李達之流）。這個委員會之不能有所成就是很明顯的，雖然委員中也有毛澤東，但是這位先生除了從中國歷史上學過曹操與董卓張獻忠以外，他並沒有向馬克斯列寧研究過理論，甚至連考茨基的『土地問題』也沒有讀過，對於理論，他是那樣地無知。所以這個委員會除了『杜造』了一個荒唐的統計表以外，什麼事也沒有做。這個統計表是關於中國的土地分配狀況的，我說牠是杜造，一點也不寃枉。誰都知道：中國是一個沒有統計的國家，至少在一九二七年時的中國是如此（現在也未必高明了多少）。尤其是關於土地分配一類的統計，更完完全全是沒有的。這個土地問題委員會在四月初成立以後，五月間就發表了這個『調查』的統計，那除非這個調查員是孫行者一流人物，否則，決不能在一個月以內，將一個偉大的中國——而且在那時是分裂成幾個勢力範圍，甚至是互相以槍砲對峙的勢力範圍——的土地分配調查得清清楚楚，那真是一個神蹟！不待說，這個統計表完完全全是假造出來的，而且據我所知道，參予這個偽造的——明目張胆的偽造的人中間就有毛澤東；他對於革命的理論雖然是那樣的無知，但是他偽造一些文獻，却是一等的好手。

在這個統計表內，我們看到，中國的大量土地集中在少數幾個大地主手中。因而，不僅毛澤東，甚至我們的『政治理論中心』李立三，也曾經在他的文章中不只一次的引用這個統計表，而且莊嚴地宣稱中國土地集中的趨勢，比十月革命前的俄國還要厲害得多。他因此斷定，就是像斯托雷平（俄國一九〇五年革命後的一個反動改良家）這樣的改良也不可能，當然只有土地革命了。

這個統計表在害人的作用來說，倒是一等的。許多熱情的青年在讀了這個統計表以後，義憤填膺，以爲土地革命實在比找一個林黛玉一樣風流美麗的女人還更重要。

南昌暴動提出了土地革命的口號，這恐怕是中共歷史上第一次公然提出這個口號來。一個星期以後，八七會議强調了這個口號。但是我們看到：南昌暴動雖然提出了土地革命的口號。這在那時不過只是一種點綴門面的話。革命委員會實際上並沒有執行土地革命，只是提出了一個眞正的機會主義的口號：『沒收二百畝以上的土地』。這個口號後來（革命委員會到了瑞金以後）被修改爲『沒收五十畝以上的土地』。然而實際上，我們看到革命委員會除了由李立三來沒收了老百姓的一些猪羊和米糧以外，就只是到處偷鷄吃，甚至殺狗吃，以致「南征軍」所過的地方，眞正的做到了鷄犬不留，至於土地則半畝也未被沒收。

在海陸豐，他們是無例外的沒收了一切土地，後來在所謂中央蘇區亦是如此。農民之不歡迎這種土地革命是很明顯的，因爲許許多多的農民——其中大部份而且是貧農，因爲眞正的大地主早逃到外縣和外省去了——被殺了。並不是講刻薄話，『土地革命』除了給我們留下數不清的萬人坑和幾十萬（也許有幾百萬）的孤兒寡婦以外，什麼成績都沒有。

好在，現在中共和毛澤東似乎已經『取消』了土地革命了。

十 中東路事件與開除陳獨秀

現在讓我們再來說到李立三時代一件大事——陳獨秀被開除出黨。

我們必須指出，為了開除陳獨秀，李立三及他領導的中央是煞費苦心的。

誰都知道：八七會議以前的中央，長期地是由陳獨秀家長式的統治着。他是中共的發起人，牠的組織者和領導者。從一次大會到五次大會，他一貫的是黨的中央總書記。那時候，他簡直像希特勒統治德國國社黨一樣（自然，這只是從統治的權威上來說，至於方法上，那完全是不同的）的統治着中國共產黨。從沒有人考慮過總書記的位置除了他還有誰能夠適任。

他是安徽懷寧人，現在已經到了將近七十歲的高齡。（註：現已去世）這個人有很多的特質：他有着堅毅的意志，這是一種不可屈服的力量。和許多其他的有權威的人一樣，他的個性是很強的，而他的脾氣之暴燥，也是首屈一指的。他不僅歡喜罵人（像列寧一樣），而且有時還會動手來打人。關於他的私德，會有許許多多的他的思想上和政治上的敵人誣蔑他，說他是一個最沒有道德的人，關於這一點，我想替他義務辯護一下。我和他從相識到現在，已經足足的二十年，我實在沒有發現過他有什麼不道德的行為。這幾年來，我聽慣了從延安方面傳出來的謠言，其中最無恥和最不近人情的一種，是說他——陳獨秀，是一個漢奸，他每月從我們的敵人手中拿了三百元，為他們服務。毛澤東這樣說，他的徒子徒孫也這樣說。其實，只要是有腦筋的人，都會知道這個謠言是何等的可笑。他沒有錢是一個事實。現在毛澤東已經是中國第三個大富翁，他如果站在他的「法幣大王」（他奪取法幣的手段比日本帝國主義還要厲害，大量的法幣集中他的飛機炸不到他的窰洞裏：自然，他還有許許多多的金銀硬貨）的立場上來嘲笑陳獨秀的貧困，那是可以的。的確，陳獨秀與毛澤東之間的貧富的懸隔實在相去太遠了。他是那樣地窮困，而毛澤東是那樣地富貴。

可是，陳獨秀倒並不是窮到沒有飯吃，非靠敵人每月供給他三百元就不能生存。這樣狼狽的人，在延安倒多的是，但不是陳獨秀。陳獨秀之窮是由於他不愛錢，並非他無法得到錢——自然，說到這裏，他又遠不及毛澤東，他沒有「邊區政府」，因而不能剝削老百姓；他不開銀行，因而沒法套取法幣；他不去「打土豪」，因爲他不能把陝甘晉察冀的各地的金子銀子搜刮起來。不過，他如果要幾萬幾千元，還並不困難，但他不需要。我們知道：在抗戰開始以後，他在南京出獄以後，某鉅公送了他四萬元法幣，他謝絕了。蔡元培送了他五千元，而且還附了一封苦苦懇求他收下的極誠懇的簡直是充滿了熱情的信，但他也謝絕。他誠然是不得志，但每月的生活並不需要毛澤東替他躭憂。據我所知道，他的確有每月三百元的固定收入，但不是敵人送給他的，而是王雲五（商務印書館的老闆）送給他的：陳獨秀之被毛澤東之罵爲「漢奸」，尚有其中的祕密，這我們留在下面再說吧。

至於對他的其他許多私生活的指摘，也是有點過分。只是他在壯年時代似乎是一個好色的人這一點也許是眞的。至於他的眞正的長處，倒正在於他的那種政治家的風格。他的德性是可敬的；尤其是他那種永遠不消極的精神。但正因爲他的這些長處，所以不僅是當時的瞿秋白與向忠發，以後的李立三與周恩來，現在的毛澤東，都把他看成勢不兩立的敵人。瞿秋白把他擠下了台了，李立三開除了他的黨籍，毛澤東給他戴上一頂漢奸的帽子。

陳獨秀之被開除，是在一九二九年的秋冬之交。導火線是由於中東路問題的爭執，其實這不過是一種藉口，八七會議以後的中共中央很早就想開他的刀。當初因為陳獨秀的威望太大，所以瞿秋白不敢動手。李立三則比瞿秋白剽悍得多，而且閑散了一個時期以後的陳獨秀，在李立三看來，留在黨內固足為心腹之患，一刀開除了却毫無困難，於是他準備動手了。

一九二九年的中東路事件是一次國際的陰謀。東北當局在哈爾濱逮捕了許多蘇聯人，包括中東路的局長及哈爾濱蘇聯的總領事在內。蘇聯對中國致了最後通牒。一個眞正的戰爭在東北的邊疆上展開。蘇聯不僅動員了他的遠東的紅軍，而且還組織了一個以中國人為主體的萬國義勇隊來打東北軍。那時候，中共中央所提出的最主要的口號是『武裝擁護蘇聯』。這個口號是由於國際（第三國際）的命令。倒不僅是表現了一種唐。吉可德的精神，而且實際上，中共的確實際武裝了一部分黨員和羣衆，在蘇聯直接領導之下，為蘇聯的利益而來屠殺中國的同胞，那就是以劉伯承為首的『萬國義勇隊』殺進了黑龍江。同時，在上海電線木上，我們也偶然可以看到『武裝擁護蘇聯』這個口號。陳獨秀對此提出了異議，他寄了一封公開信給中央政治局，反對『武裝擁護蘇聯』（理由是中國人不會熱心於武裝起來擁護俄國毛子來打自己人），而提出了一個『反對國民黨的誤國政策』的口號，主張用這個口號來代替前者。並且，他要求中央把他的信公開在中央黨報上讓大家來討論。

李立三照辦了，他把陳獨秀的來信發表在中央黨報布爾塞維克上，而且附上一封回信。在這封回信中，他除了對於『武裝擁護蘇聯』這個口號作一番不能自圓其說的解釋外，就是大大地批評『反對國民黨的誤國政策』，說是澈頭澈尾的機會主義，並且怒氣衝天的把陳獨秀大罵了一頓。

陳獨秀不甘示弱，他又去了第二封信，爲他自己所提出的口號作擁護而更辛辣地批評武裝擁護蘇聯這個口號，並且仍要求中央公開他的信。陳獨秀無疑是一個性急人。他沒有等到中央的回信，又去了第三封信。他以一種和李立三同樣程度的怒氣，很不客氣的批評中央，而且攻擊中央以『警察政策』來對付批評中共中央政策的同志。這封信的口氣是嚴厲的，簡直像哀的美敦書。

中央政治局接到他的第三封信以後，用一個開除他的決議來答覆了他。開除他的理由是寫了一大張紙，不僅罵他始終是一個機會主義者，而且說他組織小團體，來破壞黨的統一性。此外自然少不了許多。『無恥』『反動』等。罵人的詞句。

與陳獨秀一同開除的，還有一大批人：彭述之，鄭超麟，尹寬，李季，高語罕，馬玉夫，蔡正德，陳碧蘭，還有一些我此刻忘記了的名子。每個人的頭上都加上一番只有天曉得的罪名：這是中共的一貫作風，欲加人罪，何患無詞？這是毫不費力的事情。

陳獨秀被開除以後，他在黨外（也吸收黨內的同志）組織了一個反對派，他自己做了反對派中央的總書記。

一九三二年（或者是一九三三年，我有點記不淸了），他和他的一批幹部（其中有彭述之）在上海的岳州路被捕，據傳說（我不能完全負責，我相信有幾分可靠）是陳紹禹他們告的密。這是很有可能的，陳紹禹他們時常玩這種出賣同志的手段。

七七事變與八一三事變相繼發生以後，在全國一致抗戰聲中，他被釋放了。據說當時政府請他當中央研究院的副院長，他辭謝了。在他出獄以後，中央黨內有一種呼聲，希望這位老戰士能夠回到黨裏來。毛澤東受了黨內輿論的壓迫，就派葉劍英（那時的八路軍駐京辦事處處長）去找他，接洽回黨的事情。林祖涵，董必武，都參予這一次的調解，而最熱心的是羅漢。但是這次商議完全不得結果。毛澤東盛意淩人，以一個戰勝者對待俘虜的態度對待他，這當然是陳獨秀所不能接受的，而且，他也不能同意毛澤東他們的政治意見。於是，談判破裂了，毛澤東就罵陳獨秀是漢奸。

陳獨秀有兩個出色的兒子：陳延年與陳喬年。陳延年尤有名。他是與趙世炎同被稱爲中共黨內最有政治天才與組織能力的人傑。他早年帶有一點無政府主義的傾向，是留法的勤工儉學生。帝國主義國內的工廠生活使他傾向到共產主義。就是在法國，他與趙世炎李立三周恩來輩發起組織了一個中國少年共產團，後來改爲中共旅法支部。回國以後，任廣東區委書記。五大以前的區委組織比以後的省委還龐大，廣東區委尤甚。牠管轄廣東廣西及福建的一部分與南洋群島全部。廣州文明路七十五號——在中山大學亦在廣東大學的斜對面——是一個偉大的機關，也就是陳延年的大本營。他在這裏起了很重要的領導作用。一九二七年春天，他調任江蘇省委書記。清黨以後不久，他在施高塔路與趙世炎同時被捕，並同時伏法。他無疑是一個傑出的人材。他相貌粗醜，永遠穿着工人的簡陋的服裝。他的生活的樸實在黨內可稱模範，不過他香煙抽得很多，幾乎從不離口，因而手指和牙齒薰得焦黑。

他的兄弟陳喬年我只見過一面，可說不認識，不過我知道他也是一個人材。他於一九二八年春（或一九二七年底）與鄭覆地（上海總工會委員長）許白昊（上總秘書長）同時被捕亦同時伏法。

十一、反立三路線

一九三〇年夏的長沙暴動（其實只是『紅軍』佔領長沙，稱它爲暴動實在是不適當的）是立三路線發展到最高峯，也是李立三的黃金時代。他以阿Q的精神，住在上海靜安寺路的洋房裏，遙領着『湘鄂蘇維埃政府』的『主席』有三天之久。雖然彭德懷的『紅軍』很快地放棄了長沙，而所謂湘鄂蘇維埃政府實際上也沒有存在過一秒鐘；可是，李立三總算是阿Q式地滿足了他的慾望——這實實在在是一種阿Q式的偉大的精神勝利，『湘鄂蘇維埃政府主席』這是一個何等榮耀的頭銜？這個頭銜自然是預定好了要刻在李立三的墓志銘上的。

可是，悲慘的運命也正是在這個時候開始了。『湘鄂蘇維埃政府』只是在空氣中存在了三天，長沙暴動如曇花之一現。李立三命令江西的『紅軍』進攻南昌，但是毛澤東屯兵於吉安城下，向着贛水唱『從波羅的海到揚子江』的所謂紅軍的軍歌。倒不是吉安攻不下，而是毛澤東不願意在李立三的策驅之下去拚命，他有他的打算。長沙暴動雖然給了李立三一個『精神勝利』的機會，但獲得實質的勝利的，却是毛澤東——長沙的一度佔領使他的『紅軍』獲得了如此豐富的彈藥與如此豐富的糧食金錢，使他們可以提出『建立一百萬鐵的紅軍』的口號。在蘇維埃的天國裏，李立三幾乎是絕望了；而上海的工人運動也被李立三領導到埋在黃浦江裏。他派到華北去負重要責任的他的一個親信背叛了他；向官方自首。由他派到南京去任CY市委書記的他的表弟——一個十七歲的大孩子，也向官方告了密。現在，李立三眞正是到了衆叛親離的時候了。反立三時代到來了。

這裏必先說到李立三在黨內與各方面的關係，因爲這是他失敗的根源。

李立三無疑是一個不孚衆望的人物，他在黨內和各方面的關係都弄得非常惡劣。第一是所謂實力派（就是毛澤東及在蘇區裏面的領袖們）反對他，因爲他常常挾天子以令諸侯，不顧『紅軍』的實在情形，老是命令他們進攻城市，以致他們受了許多完全不必要的損失。他對於毛澤東的權威日增，非常痛心，所以極力用中央政治局的名義壓迫他們，以致他們對於李立三眞是恨之刺骨。這兩者之間的對立，簡直是無法可以調和的。有一個形勢非常明顯：不是李立三下台，就是毛澤東及蘇區的主要領袖們滾蛋。第二：職工運動的幹部都反對他，因爲他的領導不僅是削弱了工人運動，而且簡直是消滅了工人運動。大多數的職工運動領袖們對於他眞是恨到了極點，恨不能生食其肉。而且，他常常對他們打官腔，那完全是一種官僚主義的統治。這裏的形勢也非常明白，李立三與職工運動幹部之間是到了勢不兩立的地位了。第三：ＣＹ反對他，簡直是以一種最大的仇恨反對他。因爲ＣＹ與黨的關係，一向是這樣的：他在政治上接受黨的領導，但是在組織上保持相當的獨立性（縱然不是完全的獨立）。可是，李立三改變了這種關係。他簡直把ＣＹ看成是黨的青年部，甚至把ＣＹ看成是『李立三青年團』。他用他的貪婪無厭的專制手段來吞蝕了ＣＹ在組織上的獨立性，甚至於荒唐到任意由他個人指派ＣＹ各省省委的書記。在他的寡頭政治之下，ＣＹ的中央完完全全失了存在的價值。他的這種不近人情（當然尤其違反布爾塞維克的組織原則）的作風，使得ＣＹ中人人把李立三看成是他們不共戴天的仇敵。於是ＣＹ中央直接到莫斯科的少年共產國際去控訴李立三的罪狀。第四：就是中央的委員及工作人員，對於他都非常不滿。他完全把他的同僚（包括向忠發周恩來和所有在上海的中委在內）和屬員（這個名詞在共產黨內實在是不應該有的）看成是他的奴隸；他對於他們眞是比任何一個俄國的沙皇對於他的屬下還更無禮貌更無人性與更橫暴得多。他甚至常常去强姦他們的妻子。這樣，這些人幾乎無例外的把李立三看成眼中之釘。

李立三對於國際的關係也是不好的，甚至是非常惡劣的。他熟悉陳獨秀推翻過國際東方局決議的故事，於是他也想效法一下。他的才識能力遠不及陳獨秀，而他的剛愎自用則又過之。他處處地方和國際表示不同的見解，想以此來增加他在國際方面的權威。可是：他這一着是完全錯誤的，他沒有想到，陳獨秀推翻國際遠東局的決議，還是列甯在世的時代；他不知道，現在和列甯時代是完完全全不同了。而且，瞿秋白之留在莫斯科當中共的駐國際代表，更增加了國際與李立三之間的惡感。這實在也是李立三自己的錯誤。李立三從瞿秋白的手中把中央的領導權奪取過來以後，對於瞿秋白就施行一種難堪的壓迫，瞿秋白的內心對於李立三是仇恨到了極點。李立三也覺得把瞿秋白留在中央是一件很討厭的事情，於是在六大以後就把瞿留在莫斯科了。這樣，給了瞿秋白一個機會，使他可以在第三國際挑撥反李立三的感情。

長沙暴動失敗以後，國際認爲對李立三開刀的時候已經到了。他們派了瞿秋白回中國來召集中共的六屆三中全會。瞿秋白負有國際的使命，要在三中全會上來淸算李立三的錯誤，因而推倒他了。

瞿秋白得意洋洋的從蘇聯回來，像一個得勝將軍的凱旋那樣，他以爲這一次李立三這個小子總在我的手中了。但是，瞿秋白實在是一個十足的飯桶，他永遠無能力來完成任何一個他想完成的計劃。他到了上海以後，召集了三中全會。但他剛才開始想來攻擊李立三，李立三就對他來了一個猛烈的反對。不待說，他是在李立三的反攻之下失敗了。

國際接到了中共三中全會的電訊以後，大爲震怒；對於瞿秋白的無能與李立三的橫暴，表示極大的憤慨。於是，一批新的『幹部』——幾乎完全沒有一點實際經驗的一群留俄學生被派回國來召集四中全會，這簡直比古羅馬皇帝卡里哥拉任命他的那匹馬做執政官還更荒唐：這些對於中國革命不會有過一絲一毫的盡力，不會有過一秒鐘的實際經驗，對於中國現狀完全無知的一羣狂妄的青年人（陳紹禹之流），竟被派回來參加中共中央的工作。嗚呼哀哉！

關於這一羣寶貝，讓我們在後面來介紹他們。

四中全會召集了，李立三被趕下台了，而且被召往了莫斯科。反立三路線爭鬥高唱入雲。

李立三被召往莫斯科以後，參加國際東方局的一個清算他的會議。他在這個會議上大放厥詞，但是他的滔滔不絕的辯論，並不能使他變成英雄，只是使他變成為一個大傻瓜。於是，在一種高壓的空氣中，他屈服了，不斷地承認了他自己的錯誤。結果是這個不可一世的英雄——唐，吉可德式的，甚或是阿Q式的英雄——我們的『政治理論中心』被送到列甯學院去聽講，讓一些中國的或外國的大孩子去教育他。但這對於他並非不利。他在這裏找到了一個綽號叫做『公共汽車』（註：人人可坐也）的『愛人』。

此後，我們就永遠不會得到過關於他的確實的消息。這幾年來，關於他還有種種的流言傳到我們的耳朵裏來，不是說他派回東三省去任滿州省委書記，就是說他在上海任中央政治局的東南分局書記，甚至有人說派到新疆，而且已經被盛世才殺了（其實那是俞秀松）。其實這些都是謠言。他一直到現在還被留在莫斯科，悠悠的十年已經過去了，眞不知要到什麼時候才能回來。

在這裏讓我們來簡單的說一說所謂『反立三路線』。

反立三路線鬭爭和八七會議的性質是完全不同的。八七會議的一次革命，雖然是一次不光榮的劣性的革命，但牠完完全全改變了黨的政策，甚至改變了黨的立場（從左派資產階級的領導轉變到純粹小資產階級盲動主義的領導）：可是反立三路線的鬥爭却仍然繼續着立三路線的精華。

如朱其華所說，立三路線的精華是『爭取社會主義在一省或數省的首先勝利』，這一點，在反立三路線的中共中央是繼續着的。

李立三的『爭取一省數省的首先勝利』，是建立在一個完全反動的立足點上。朱其華曾經這樣說過：『無產階級政黨，科學社會主義的執行者，牠所依據的和憑藉的，都是最進步的力量和最進步的條件。沒有這些進步的條件，社會主義的勝利與無產階級的解放是完全不可能的。牠和一切反動的小資產階級空想的分別就在這裏。但是自詡爲「黨的政治理論中心」的李立三却公然宣稱正因爲中國經濟的落後，國內還沒有形成可以制一國經濟命脈的中心城市，如英國之倫敦與德國之柏林，法國之巴黎，因而，社會主義在中國有取得在一省數省首先勝利的可能。這完完全全是一種反動的理論，因爲他所憑藉的並不是進步的條件；恰恰相反，他是要利用中國的落後來實現他的「社會主義」——當然是一種反動的社會主義。中國的落後，誠有如李立三所說：但是這種落後條件只利於最反動的封建殘餘勢力，他們才正是利用了中國的落後條件，利用了中國沒有集中的可以制全國經濟命脈的中心城市（像李立三所想利用的一樣）來建立他們的封建割據。』——這一段話是完全正確的，但我們還可以替朱其華補充一句：李立三，以及毛澤東所想爭取的『社會主義在一省數省的首先勝利』，實際上的意義原是爭取一省或數省的封建割據。毛澤東與李立三所不同的一點，只是李立三想先爭取湘鄂贛的

『首先勝利』，而毛澤東却在更落後的「陝甘甯邊區」的『首先勝利』，但不是社會主義的首先勝利而是一種反動的變相的封建割據的勝利。

反立三路線與立三路線的鬥爭，主要的還是一個人的鬥爭，派別的領導權的鬥爭，而不是理論的鬥爭——兩者同是代表一種經濟落後的社會的狂熱的小資產階級，他們並不能眞正地把握到時代的意義，他們同樣沒有歷史的使命，他們是同樣在國外資本主義與國內封建殘餘勢力的兩重剝削下透不過氣來的被榨取者。他們之中的一點僅有的分別，就是前者（反立三路線）代表着更落後的鄉村小資產階級，而後者是代表了城市小資產階級。基於中國經濟的落後，使這個領導權的鬥爭中，鄉村小資產階級獲得了勝利。李立三失敗了，毛澤東勝利了。梁山泊的蘇維埃王國究竟戰勝了哈同花園的蘇維埃王國。

這裏必得說一說的是，這次反立三路線鬥爭的勝利，表面上雖然是歸諸於新登紅色舞台的留俄派——不是以前彭述之他們的老留俄派，而是所謂「二十八個布爾塞維克」的新留俄派。不過因爲老留俄派此時早已解體，所以我們就簡稱新留俄派爲留俄派。……而實際上，勝利的却是遠在江西農村中的毛澤東。不久，我們就可以看到，留俄派領袖也被驅入江西的農村，完全入了毛澤東的掌中。

至於瞿秋白，這個傻瓜依然一無所獲。

十二、留俄派與陳紹禹

現在讓我們來談談留俄派。首先，我想要使讀者有一個概念，明瞭這是怎樣的一羣人？要一一的描繪他們的每一個人，勢不可能，亦無必要。我想只舉其中的一個人——被目爲留俄派領袖的陳紹禹（王明）來作爲代表。

他是安徽立煜人，武漢第一中學的學生，因爲歡喜出風頭而加入了CY；但是，因爲他偷竊了同學的金錢，被CY開除了團籍。他是不是和李立三一樣，在反對私有財產制度的藉口下，去把別人的金錢據爲己有，我不得而知。但無論如何，他的卑鄙汚劣，比李立三實在更甚百倍，這是確定的事情他的偷竊別人的金錢，這次旣非空前，更非絕後。還遠在他當高小三年級生的時候，他會偷竊了學生儲蓄金（那是裝在一個不堅固的板箱內），在這裏，我們可以看出他童年就有偷竊的天才，可惜他沒有遇到像梁山泊上的鼓上蚤與白日鼠一流人物來指導他，否則他一定可以比北平的『燕子李三』還更有名。雖然如此——雖然沒有鼓上蚤與白日鼠指導他，但此後我們仍有很多的機會，可以看到他一顯樑上君子的身手。如果說，時遷白勝增加梁山泊的光榮，那末，無疑的，陳紹禹也給中國共產黨帶來了『光榮』。

如果，他是在共產黨受壓迫時被開除了CY的團籍，那末，我們可以不費腦筋的想像到，他陳紹禹（啊！我忘記了，在這裏還得補說一下：：陳紹禹的原名叫陳山泰，因爲用這個名字去偷了高小儲金，被高小宣布了罪狀，而且開除了學籍。他就另換了一個更是臭氣洋溢的名字：陳紹禹，而且假造了一張文憑——我已經說過，他在這些卑鄙齷齪的地方眞正是一個天才——考入了初中）就會永遠變成爲共產黨的敵人。可是他被開除團籍的時候，正是，五卅高潮由黃浦江沿揚子江澎湃到武漢的時候他天才地看到：留在共產黨（CP與CY是一體的）內不僅可以使他出出風頭，而且可爲將來進身之階，比單純做一個時遷白勝對於他還更有意義得多。這樣，他就以全力來作恢復團籍的運動。這一次的偷竊對於他實在是一個損失，因為他為着恢復團籍的運動所化去的運動費——主要的是請客和送禮——實在比他偷來的錢還更多，那時候的黨究竟還沒有現在那樣腐爛，他雖然費了九牛二虎之力，團籍仍然沒有恢復，但一中的團支部已經給他留了一個恢復的餘地，他雖然沒有正式恢復團體，但至少已被團看成是一個同路人，而他自己，對於團員黨員則卑躬屈膝，對於團外黨外的群衆則以CY自居。在某些地方說來，他可稱是努力的，尤其是對於黨與團的負責人的拍馬及對於女同學的吊膀子這兩點上。

也許是他運命轉好了，他以佛朗哥進攻馬德里的精神去進攻一個女同學，這是一位相貌很醜陋面孔粗黑，而且兩隻眼睛有大小，看起人來非常可怕，而且比他大了三歲的女人。他之所以進攻這樣一個夜叉式的女人是有着兩重理由：一是這個女人是一個富家女；二是這個女人不僅是CY，而且是CY一中支部的組織幹事——在黨與青年團內，有一個普遍而無例外的現象，凡愈是醜陋的女子，對於工作一定愈努力，在黨與團內一定很有地位，陳紹禹用他的獵狗一樣的眼睛，看到了這位母夜叉對於他的前途大有帮助，所以他就像獵狗追逐一匹兎子那樣的追逐着他。我們能够想像到，這位梅特涅式的戀愛（梅特涅這個義大利的政治家，時常為了政治的目的而去講戀愛。不過用在比喻陳紹禹的『戀愛』，實在不十分適當，不過我想不出更好的比喻）是很容易成功的，因為，這個醜陋的女人正和魯智深在五台山久無酒肉吃時那樣『口中淡出鳥來』，對於工作的努力並不足以減少他的生理上的本能的要求。這樣，戀愛是成功了，正和佛朗哥終於打下了馬德里一樣。但是，陳紹禹的兩重目的（金錢與恢復團籍）只達到了很小的一部分。金錢，他是沒有得到，至少是得到的很少，因爲這個醜陋的女子不爲她家中所喜，她不能從她的家裏取得必要費用以外的金錢。至於恢復團籍，那總算達到了目的之一半，她用『陳紹禹這個人是不拘小節的』理由，請一中支部恢復他的團籍，支部幹事會是通過了武漢地委（五大以前，中央之下是區委，區委之下是地委——即地方委員會）也沒有問題，不過支部大會上有許多人反對。結果，通過了一個折中的辦法：取消了開除他的團籍的決議，改處爲留黨察看半年的處分。地委批准了這個處分。於是，陳紹禹的團籍總算恢復了一半。

一個重要的時機到來了，武漢地委宣布了奉中央的命令，招考一部分學生送到莫斯科新成立的中山大學去留學，陳紹禹報了名，但是武漢地委不要他，因爲他是在察看的期間。又是經過了許多麻煩地委總算允許了參予考試，不幸的是陳紹禹對於偷竊之學雖有天才，而於學問方面簡直是無知。雖然考試的題目是那樣的簡單，但他名落孫山。他失望得幾乎跳長江自殺。自然，他是不會眞正自殺的。他還得奔走，機會之門還是爲他開着。

當他用盡了各種卑鄙齷齪的手段仍無效果的時候，他在羞恨交集中下了一種決心。

當這批考取了的留俄學生自武漢出發時，他從武漢送他們到上海。在武漢出發之前，他又施展了時遷白勝式的天才，從他的一個在武昌開小舖子的親戚那裏偷得了將近千元的現款，所以一路很揮霍的招待這些行將出洋的學生。這些人大家都覺得陳紹禹實在是一個好人，而深以他之不能同去爲憾事，到了上海以後，他很慷慨的招持他們，直到他們行期已定，又送他們上那艘古老的『北方號』輪船。在這些地方，他眞是表現了他的眞正天才。他迅速地以三百元的代價收買了一個寧波籍的水手；這個水手把他藏在一個煤倉裏。直等到輪船出了吳淞口，他才從煤倉裏鑽出來苦苦哀求着要負責人把他帶到莫斯科。北方號始終是在一條非法的航路上，它始終是那樣鬼鬼祟祟的不給海關人員所發現。它從上海開出以後，直駛海參威，不再在任何一個中國港裏停泊。所以現在北方號上的黨的負責人也感到困難了。怎樣來處置這個寶貝的CY同志呢，現在只有兩個辦法：一是把他帶到海參威，否則就把他丟到海裏。後者究竟不是一個辦法，他到底是一個『同志』，許多一路上受了他的小惠的人都證明他是『一個最好的同志』，並幫他求情。於是負責人（他是中共中央派他護送這批學生到莫斯科的）就收容了他，允許他到海參威再說。這幾天的航行中，他盡了他平生拍馬的能力來拍這個負責人，這個傢伙也是個混蛋，他爲陳紹禹所迷，到了海參威以後，就無條件的把他帶到了莫斯科。於是，今日的王明（陳紹禹），就這樣地成爲中山大學的學生了。

當他在海參威出發時，寫了一封等於絕交的信給那位爲了他而留在武漢的醜陋的女郎。原來這位女郎與他同時考中大，她考取了，但因爲他沒有考取，所以她就爲他而犧牲了到莫斯科的機會。這位醜陋而多情的女郎是眞正地愛着他了。可是癡心女子碰到了負心漢，他却瞞着她離開了武漢，送這些留學生到上海去，而且到了海參威去了，他的顯然背叛的行爲已足以使他心碎，何況又接到他自海參威來的一封絕交書。這位癡情的女郎因爲面貌的醜陋而受盡了男子的白眼，現在又受了這一個打擊，她竟跳在長江自殺了。

當這悲慘的消息傳到莫斯科時，陳紹禹驚喜欲狂。他在一種貓哭老鼠的姿態下，在左臂上束了一塊黑紗，以表示他的『悲悼』，其實他的內心眞是高興得心花怒放。

莫斯科的中山大學一開始就分成了兩派：一派以爲在這短時的兩年之內，要從俄文字母學起是不可能的，因爲誰都知道俄文是歐洲文字中最難懂的一種，所以他們主張不學俄文而專門學一點革命的理論另一派則主張先專心學習俄文。大多數的人擁護前一派的主張，當時的任卓宣（就是現在專門宣傳三民主義的葉青是中大支部的書記，他是堅持第一派的主張；他的最忠實而堅決的擁護者就是陳紹禹，另一派是以中大的教務長（後來升任校長）米夫爲首，那個時候，陳紹禹甚至覺得任卓宣（葉青）放的屁都是香的。他以一種最高的阿諛和最大的無恥態度來捧任卓宣，誰都相信，他那時是眞正的一點也不假的替葉青（任卓宣）擦過皮鞋。

可是，他實在是一個識時務的俊傑。當他知道任卓宣將要被調回國，而米夫頗爲得志的時候，他迅速而澈底的改變了他的戰略。他以一種怒髮衝冠的態度來罵任卓宣，說他是一個書生，一個投機者。當然，這只是一方面的工作。另一方面，他極力的拍米夫的馬屁。他的拍馬之術實在不下於他的妙手空空兒那一套。從那一天起，他就做了米夫的死走狗，直到現在，將來如何是不能保證的，因爲只要米夫一失勢，他立刻就會把米夫罵得狗血淋頭；反之，只要約瑟夫的寶座不動搖，而且，始終信任米夫的話，那末，無疑的，陳紹禹永遠是米夫的一隻忠實的狗。

第三國際要把中共完全掌握在他的掌中，所以通過了他的死走狗米夫（他是第三國際遠東部的部長）派一羣米夫的死走狗回國來主持中共，那就是所謂留俄派的陳紹禹等一羣。

這些人都是一些年輕的學生，他們對於中國革命之沒有一點貢獻自不待說了——當我們在革命的時候，他們還在母親的懷抱中吃奶——因爲他們沒有參加過一秒鐘的實際工作。他們對於馬克思列寧主義的理論誠然是一無所知，就是對於中國的地圖恐怕也不會看清楚過。至於中國革命是什麼一回事情？中國無產階級的狀況又是怎樣？這些問題，就是把他們的腦袋放在一架壓榨機裏來榨也榨不出結論來。

但是，這一群在革命的經歷上還完全是一個嬰兒的人，被派回來做中國革命的領導者了，被派回來做中國共產黨——無數同志的頭顱和鮮血所造成功的中國共產黨的領袖了。天哪！自從羅馬皇帝卡利哥拉任命他的馬做執政官以來，還有比這更荒唐的任命嗎？亞們！

當這個使人不能相信的消息（這些不但不是全國代表大會所選出的中央委員，而且連一個支部書記的條件也不够的這些黨內嬰兒們——留俄派——被派回國來主持中央）被證實了的時候，黨內的有歷史的同志是那麼的驚奇。這簡直是一個不可思議的奇蹟。當這些忠誠於黨的同志們看到了這個由無數同志的頭顱和鮮血所造的黨是這樣被這羣無理知的嬰兒拿着玩的時候，他們傷心得有幾個人竟暈了過去。於是，大羣的黨員自動的脫離了黨，因而使反對派的聲勢大振。而且黨內的新反對派，亦如雨後春笋那樣的產生出來了。大家所知道的有何孟雄派，羅章龍派，非常會議派等等。

反立三路線的新中央，雖然仍以向忠發爲名義上的首領，但他永遠只是一個傀儡。周恩來依然是政治局常委兼中央軍事部長，他也永遠只是一個副手。新中央的眞正的大權是在留俄派手中。陳紹禹（王明）莫明其妙地當了中央組織部長兼江蘇省委書記。他現在趾高氣揚，比起當年藏在北方號的煤倉裏時，眞有天壤之別。

然而在他的面前依然擺着許多困難。黨外的反對派（就是所謂托陳取消派）姑且不說，就是黨內的林立的新反對派已經够使他頭痛了。好在這個傢伙雖然不學，但是有術。他知道那時最有勢力的新反對派是何孟雄他們一派，他就決定先給他們看點顏色。留俄派的中央原可以用一個決議把他們開除出黨，但這是很麻煩的事情，不僅他們在被開除黨以後要在黨外來作反對黨的活動，而且因爲他們都是實際工作者，他們在黨的下層有相當的勢力，把他們開除以後縱然不致使黨立刻解體，但是黨內的紛擾是不可免的。於是陳紹禹在這裏又發揮了他的天才。李立三的借刀殺人還只是間接的，陳紹禹卻爽爽快快的用假名字向官方的淞滬警備司令部告了何孟雄他們的密。這方法比李立三對付惲代英鄧中夏更簡便更痛快。何孟雄他們是必然地被補了，而且二十一個人被同時槍斃在上海的漕河涇刑場。那是一九三一年的年頭，留俄派上台還沒有好久。

在這裏，我想順便提到一個不重要的插話，在與何孟雄一起槍斃的二十一個人中，有一個不十分有名的作家，他的名字叫做胡也頻，會經寫過不大能找到讀者的『到莫斯科去』一類的著作（眞可惜！這位作家還沒有到莫斯科去，就被陳紹禹送去見閻王了）。這位作家是丁玲女士的早期丈夫之一，我不知道這位多情的丁玲女士面對着她的『謀殺親夫』（謀殺親夫這幾個字，在中國文中通常是指女子謀殺了她自己的丈夫，但我以爲也可以用在這裏就是指謀殺了她的親夫的人）的仇人陳紹禹，不知作何感想？

陳紹禹還以同樣的方法來對待其他的同志——所謂新反對派，以致羅章龍，林育南，徐錫根，余飛這一羣的黨內的實際工作者都在陳紹禹派的無恥的告密之下入獄了。

因爲黨在政治上組織上是破產了，所以黨在道德上也完完全全地破產了，黨的中央領導人公然出賣自己同志的血，以這些同志的血來堅固他們自己的地位。

十三　向忠發與史量才之死

現在應該說到另一件奇怪的公案：顧順章的自首，及其所引起的悲劇。

顧順章是上海的一個流氓，正和其他的流氓一樣，他有着狼子野心，他於何時入黨，尙待考證。黨因爲他在會黨裏面的地位很高，所以極力利用他。上海的三次暴動的時候，他是上海總工會的工人糾察隊總隊長，負一部分暴動的指揮責任。那還是陳獨秀的時候，陳獨秀以一種完全利用他之所長的手段來駕馭他，他在黨內，他是完全沒有地位的。八七會議以後，中共中央又從武漢遷回了上海。瞿秋白的盲動主義招致了黨的重大的破壞，脫離黨籍的人也像黃浦江的潮水一樣。瞿秋白爲了要維持他的殘暴的統治。就建立了以顧順章爲領袖的特務隊——最初稱爲紅色恐怖隊。盲動主義的暴力需要暴力來保護牠，所以特務隊勢力一天天的擴充起來。因而顧順章的地位也一天天提高起來。尤其是因爲那時中央的機關及中央要人的公館都需要特務隊保護，所以無形中整個中央要員的安全都在他手中。這樣，顧順章在黨內形成了一種特殊的地位，這地位簡直是很崇高的，甚至在李立三當權的時候，不能不請他當中央政治局的常委——這是一個崇高位置。以一個特務隊的隊長來當中央政治局的常委也可說是一個奇蹟。

李立三下台了，在差不多同時候，顧順章也離開黨了，向官方自首了。但他的自首並不是自動的而是在武漢被捕以後，才向官方自首。他之到武漢去是爲了一件特殊的任務。那時候，國際對於中共的經濟接濟大部分取消了，中共的大部分的經費需要『蘇區』供給（這是毛澤東一步步把黨掌握在手中的重要動力之一）。這個時候，湖北境內的『蘇區』有一筆當時的市價約值數十萬至一百萬金銀硬貨（主要的是首飾），已經運到了武漢附近，但沒有方法可以運到上海。於是中央政治局特派顧順章去提取這筆金銀——這是顧順章自告奮勇的願意親自出馬，他那時候也許已經胸有成竹，預備脫黨——他滿有把握的到了武漢，而且把這筆金銀集中在漢口，他逗留在漢口，遲遲不啓行，而只是在漢口揮金如土的狂嫖，官方的特務隊把他在妓院裏逮捕以後，他就自首了。

不久，中共中央的總書記向忠發在上海的兆豐路被捕。中共的中央總書記之被捕。這還是第一次，而且以後也還沒有再發生過。據中共中央的宣傳，是由於顧順章自首以後告密所致。這是對的，但事實並不這樣簡單，其中還有一個陰謀的秘密在。原來當顧順章自首的消息傳到上海以後，中央各部分立刻都搬了家，只是沒有通知向忠發，所以當官方派人到兆豐路捉他時，這個卑鄙的傢伙正在左擁右抱地倍着兩位女同志睡覺。於是他被捕了，這樣，與其說他是死在顧順章手裏，不如說死在留俄派的中央手中，更爲確實，因爲這明明白白是留俄派中央要把他的性命送到顧順章手中，如果中央（留俄派）不是有意陷害他，早點通知他搬了家，則顧順章如何能够把他捉到？否則，中共中央的要人與重要機關衆矣，何以只捉到一個向忠發而其餘的都漏了網。這裏的情節非常簡單；留俄派的新中央雖然仍擁向忠發爲名義上的領袖，但他們全都厭惡這個划船夫，陳紹禹尤想取而代之，而不識相的向忠發，則以爲這些乳臭未乾的小兒，不如李立三瞿秋白之强頑，於是他很想在留俄派初上台時，發揮一點他的總書記的權威，使自己從完全傀儡的地位脫離出來。漸漸成爲黨的眞正的領袖。但是他這樣一來，大觸留俄派之懼，只有自速其死而已。所以當留俄派的中央接到顧順章自首的消息以後，紛紛喬遷，只是把一個人遺棄了。也就是這樣的送了他一條無價值的老命。

現在中共由×××（顧順章自首以後，有一個短時間內，中共的特務隊由×××指揮）來執行對於顧順章的報復。這個報復之殘酷，眞是曠古未有的。

顧順章自己住在南京，像古代印度的國王一樣被嚴密地保護着，中共對於他本身是無可奈何的。可是顧順章的眷屬，都還留在上海，而且由中共的中央負責保護着。顧順章自首，而且接連着向忠發被捕以後，中央就命令×××來做這一場大屠殺——一個最殘酷的大屠殺。顧順章的親屬是很多的，全部被×××派人勒斃在各人所住的房子裏——都是中共中央的機關，這些被殺死的人中，有顧順章的妻子，她肚子裏還有一個七八個月的胎兒。有顧順章的四個兒女，他們的年齡是三歲，五歲，八歲十一歲，有顧順章的岳母，一個七十多歲的老太太。有顧順章兄弟與姊妹，有顧順章的親戚，其中有一個是剛剛滿一週歲的孩子和一個七十多歲的老翁。還有許多顧順章要好的朋友（都是黨內的同志）也被殘殺了，其中比較有名的，如中央軍部的秘書朱完白，第二科科長黃弟洪等二十多人。連同顧順章的親屬，這次被殺的人共五六十人。這眞比永樂皇帝用『誅十族』的手段來對付方孝儒還更爲殘酷。殺死五六十人，在『蘇區』裏面原不算什麼；在那裏，可以找出成千成萬的冤鬼。可是在上海，暗殺了五六十個人却不能不算是一件大事。第一，這五六十個屍首就沒有地方可以安放——上海沒有公開的萬人坑。於是×××先生不能不命令他的部下把這些屍首埋藏在各個房子的地板底下。於是，不久以後上海發生了驚人的新聞：在西愛咸斯路，新閘路，聖母院路，威海衛路，古拔路，麥賽而締羅路在這些地方的有許多閑空着的房屋裏發出衝天的臭氣，以致引起了巡捕的注意，在這些地方掘出了無數的屍首，男女老幼都有。

這些令人驚心動魄的新聞驚動了上海的那些和平的紳士淑女們。這就是×××先生的傑作。

顧順章對於×××眞是怨恨到了極點，但也正和×××對他一樣，顧順章對於×××本身是一點辦法也沒有的，×××週圍的保衞並不減於顧順章，於是，顧順章想出了一個實在並不高明的方法對付×××，因而引起了另一個悲劇，那被稱為『新聞大王』的申報總經理史量才終於因此而死於非命。

顧順章揑造了××的名字，在上海的申報上登了一個××等×百×十人脫離中國共產黨啓事』，這裏的數目字我已經記不清楚了，只得代之以×符號。這個啓事的內容是說××等因目擊中國共產黨對於中國革命估計錯誤，因而自動脫黨云云。在全中國的報紙中廣告最多的申報，刊載了這樣一條小小的啓事，在社會上並不能引起人們的注意，甚至被引為茶後飯餘的談資的資格也沒有，因為大家也不知××這個無名小卒是一個什麼傢伙，但是，在中共黨內，却引起了很大的風波。在中共黨內，中級以上的人都知道××是×××的黨名，正和後來秦邦憲的博古，陳紹禹的王明，張聞天的洛甫一樣。×××脫黨了，這個消息像從吳淞口外吹進來的颶風一樣，在上海的黨內吹動了好幾天。漸漸的，在黨內證明了這個啓事是僞造的。

我們必須指出，顧順章先生的這一個辦法並不能打擊到中共，對於×××也絲毫無損（也許使他因此而更有名了），只是使申報館老闆史量才因此送了一條性命而已。

×××看到了這個僞造的啓事以後大為震怒。他立刻寫了一個否認這個啓事的啓事送到申報館的廣告部去。但是廣告部沒有接受這個啓事，於是假××的假啓事登出來了，而眞伍豪的眞啓事却登不出來，這使得×××怒氣冲天。現在該史量才倒霉了，在他，那眞是寃枉。

在這裏，讓我們順便說一說史量才的身世。在全國的讀者中，知道這個人的人似乎並不很多，但在上海，他實在是一個偉大的人物：他不僅是上海灘上的一位大亨，而且是位要人。他的哈同路九號的公館，雖然沒有愛麗園(哈同花園)那樣偉大，但富麗堂皇，在上海的大公館中也算數一數二而已。他是申報的主人——他在申報館的名義是「總理」；他對於申報館，正和希特勒對於納粹德國一樣，是一個眞正的獨裁者。誰都知道：申報是中國最偉大的也是歷史最悠久的新聞紙；他單是憑藉這個報館，已經够使他偉大了。何況他又擁有上海新聞報館大多數的股票；他雖然不能像對於申報館那樣的完全把新聞報拿在手中，但事實上已經相差不遠——通過了由他的金錢所購買來的股票，無疑的，新聞報館非仰他的鼻息不可；他是統治了新聞報館。新聞報是與申報同樣有名的中國兩個最偉大的報紙，而且牠的實際的銷路比申報更大些，因爲牠擁有廣大的比較低級一點的讀者。在上海，我們幾乎可以在每一個理髮館裏，在每一個洗澡堂裏，在每一個酒樓和每一個旅館中，發現一份新聞報，但找不出申報。在江浙各地的商店中，如有定報紙的話，百分之九十五定的是新聞報。但是，在學校，文化機關，高級的社會，知識份子的家裏，他們所定閱的却是申報而不是新聞報。但是這兩種不同的讀者却是史量才的顧主。由於這兩個偉大的報紙，使他得到了新聞大王的諡號。

申報館每年發財。就是一二八以後，上海最不景氣的一年，連銀行都蝕本的那年，申報館還盈餘了八十萬。這許多金錢，使這位新聞大王同時是銀行家，工業家，乃至是教育家和慈善家。他是中南銀行的大股東，也握有其他許多銀行的不少的股票。這還不算：他還有一種偉大的力量，能够使許多銀行——尤其是小銀行，不能不在他面前低頭。因爲，我們知道：在交易所做投機事業的上海各銀行（尤其是小銀行）的主要業務之一，但是交易所的買賣，與政局的動向息息有關。這位新聞大王手中握有兩個最大的報紙，只要他在新聞方面稍稍來一下，就可以使大群的資本家破產，也可使一些人發財。

他還投資於工業。吳淞有一個紗廠（我忘其名）幾乎是他獨資開設的，他還握有許多工廠的股票。在上海只要有了錢，許多學校就來請他當董事長或校董會主席，慈愛機關自然也非來請他不可了。於是，史量才又成爲上海有名的教育家和慈善家。

有一點可以證明他在上海地位之重要。一二八以後，上海成立了地方協會，那是一個很重要的機關，負『復興上海』的重責，史量才是這個地方協會的會長。

但是，和上海的其他許多大亨與名人一樣，這位新聞大王的出身是卑微的。

『老上海』都知道上海一些偉大人物的出身，朱葆三初到上海時差不多是一個小叫化子，在饑寒交迫中流浪在上海的街頭，甚至有幾次想跳到黃浦江去自殺，但他後來成爲上海最有名的資本家，任上海總商會會長，法工部局而且以他的名字來名一條馬路——這是上海租界第一條以人名爲名的馬路——朱葆三路。虞洽卿十四歲到上海作學徒，連鞋子也穿不起而赤着脚，後來開了三北（輪船）公司，而且也做了上海總商會會長，公共租界工部局也把西藏路改名爲虞洽卿路。杜月笙早年是十六浦一個小水菓店裏的學徒，很久一個時間內，窮困像獵狗追逐一匹兎子一樣的逐着他，但他後來成爲上海的第一名大亨。其餘還有多到數不淸的名人的出身是同樣的卑微。

史量才早年在上海新申報館（那時候，上海除了一個申報館以外，還有一個新申報館，直到五卅運動時，新申報還在上海出版，五卅慘案發生後，上海各報天天都有慘案的記載，新申報用『碧血記』這個不通而可笑的題目，天天記載着慘案的新聞）當校對，每月的薪金是大洋五元。他在這報館服務了幾年以後，從那個寡婦的女主人那裏取了一筆財產，他就以這筆財產起來，一帆風順，做到後來的地位。

他對於政治顯然沒有很大的興趣，但他的職業（新聞業）使他不能和政治離開。在思想上，他是一個自由主義者正和其他的一些開明資本家一樣。齊燮元做江蘇的督軍時，組織了一個『蘇社』，其中有黃炎培和史量才。史量才是江蘇人，他和當時的『江蘇學閥』頗爲接近。但這一些和他以後在滬杭公路上的翁家埠被暗殺都沒有關係。他之死實在是種因於顧順章的『假××』這個啓事，雖然中間隔了很久。

當申報拒絕了眞××的啓事後，過了幾天，申報館的主人史量才就接到了一封怪奇的信。這封奇怪的信是由一位極美麗的摩登女郎坐着雲飛汽車（上海一個最有名的外商辦的出差汽車公司）送來的。誰也沒有注意到這一位美麗得像西施一樣的小姐會送一封兇惡的信來。當這封信由申報館轉送到哈同路的他們的總理的公館時，史量才正在很舒服的吃晚飯。他在飯桌上折開信來一看以後，立刻大驚失色。原來這封信的內容是『中國蘇維埃政府』對於史量才的『通緝令』。這是不會有人開玩笑的，因爲這裏舉了具體的理由，爲什麼你們登載了『反革命』的假啓事，而拒絕刊載中國共產黨送去的眞廣告？爲了這個『理由』，『蘇維埃政府』『缺席判決』了史量才的『死刑』。但因爲史量才『逃亡」在『蘇區』以外，所以『蘇維埃政府』通令『蘇區』以外的特務隊緝拿史量才，『就地處以死刑』。

幸而尚有商量的餘地。這個通緝令的後面附有一批條件，如果史量才可以接受這些條件，則『蘇維埃政府』可以取消通緝令，這些條件大致如下：

（一）申報館以後不準再在報紙發表有『共匪』『赤匪』等字樣。並立刻停止反共言論及造謠中傷的新聞。

（二）申報應聘請左翼作家——至少同情於中國共產黨者爲主筆。

（三）申報副刊『自由談』，應交由左聯（中共支配下之文藝團體『左翼作家聯盟』之簡稱）派人主編。

（四）申報館應即擴大附屬事業，如出版月刊年鑑，辦職業學校及流通圖書館等，交由左聯或至少同情於中國共產黨者負責。

（五）申報館應繳『罰款』五十萬元，作『蘇區』及『紅軍』之『醫藥補助費』。

史量才這位溫情的自由主義者是明哲保身的人物，性命要緊，條件自然可以商量。幾經磋商的結果，史量才大體上是全部接受了這些條件，只是把最後一項的『罰款』，由五十萬減少到二十萬元。

但是，『蘇區』和『紅軍』並沒有見到這二十萬元的『醫藥補助費』，中共的賬單上也沒有這筆入款。後來，我們才知道史量才這二十萬元的買命錢完全被陳紹禹等幾個留俄派併入私囊。陳紹禹等這些不肖門徒在黨內之以富翁稱，實由此始。所以顧順章的那個假造的啓事的直接的結果，就是使陳紹禹這幾個人發了財，而間接的結果是斷送了史量才的一條老命。

條件的第一項，史量才是履行了，以後就再看不到申報上的反共言論，甚至「赤匪」「共匪」也的的確確沒有了。第二項，史量才請了陳彬龢作主筆，這位先生在那時是一位紅色的應聲蟲。第三項史量才把「自由談」交給了左聯，由左聯派黎烈文編輯。這個沒有出息的法國留學生就這樣靠共產黨的關係（但他不是黨員）而成了名——自然是一種怪可憐的名。第四項，史量才完全照辦了。我們就看到：申報月刊出版了，主編的都是共產黨的「同路人」。申報年鑑也出版了，編輯中有中共黨員唐公憲（他後來脫了黨）。此外，流通圖書館，新聞學校，職業學校（有好幾個分校）都辦起來了。過了一個時期，申報館的主人史量才仍不免在滬杭公路的翁家埠被暴徒暗殺了。他的暗殺的內幕雖然還是一件疑案，但在中共黨內許多人都知道是中共中央特務隊幹的。

十四　毛澤東的勝利

毛澤東在「蘇區」和「紅軍」裏面的生活，並不是像古代印度的國王那樣舒服。他是始終在鬥爭着——在不必要的鬥爭中浪費他的生命。他面對着強大的中央軍，然而這並不傷他的腦筋，因為這有朱德林彪彭德懷這一類紅色的將軍們在負責，真正使他傷腦筋的是內部的鬥爭。這個鬥爭是多方面的。他首先要肅清蘇區與紅軍內部的異己份子，單是這一項工作，就要使他大傷其腦筋。使他最殘酷的手段來撲滅他的反對派——他的反對派的定義是很廣泛，不僅是真正反對他的人死無葬身之地，（但這點並不重要，好在蘇區內多的是萬人坑）凡是對於他稍稍不滿，甚至單是在小組會議上批評他的同鄉觀念太深，更甚至於批評他的太太不配當一個布爾塞維克的人，也會引起他消滅對方的決心。在蘇區裏面，大規模的悲劇是經常有的，小規模的更不待說了。最有名的是富田事變與黃陂（不是湖北的黃陂）事變，在富田事變中，爲了『擁護朱彭黃，打倒毛澤東』這一個不知來歷的口號，不知道寃寃枉枉的殺了多少人，害得朱德彭德懷黃公略趕快誠惶誠恐地向他表示忠實。他對於一切不滿意的人，都加以『AB團』的罪名。其實被殺害的一萬個人中，恐怕很難找出一個是眞正的『AB團』——AB團原是一九二六——二七年國民黨江西省黨部內的一個以反布爾塞維克爲中心任務的秘密小組織；牠實在沒有力量在『蘇區』裏面搗亂，但是，罵人或殺人總得用一個名詞，於是以前是AB團，現在是『托派漢奸』。

爲了要剷除蘇區與紅軍內的反對勢力，毛澤東必須用他的私人來作他的牙爪。於是，他的死走狗曾山就做了『江西省蘇維埃』的『主席』，而他的同胞弟毛澤民，就當了『警衛師師長』，以兄弟來保衛哥哥，當然是靠得住的。毛澤東雖然是一個奸雄（自然遠不及魏武），但他的兩個兄弟（毛澤民與毛澤潭）却無疑都是飯桶。

在所謂紅軍與蘇區裏面，被毛澤東及其門徒所殺死的不十分有名的人物，多至數萬。大名鼎鼎的人物亦頗不少。例如紅軍一軍的軍長許繼愼，紅二軍的軍長周逸群，紅六軍的軍長段德昌（他還兼任湘鄂西紅軍軍官學校校長）總指揮曠繼勛（我忘記了他的番號），紅九軍的軍長何畏，湘鄂西的前委書記夏曦，井岡山的赤衛隊總指揮王佐袁文才，總指揮季振同，李明瑞（我忘記了他的番號）還有與季振同同時由孫連仲部下變過來的一大批總指揮與軍長。這些都是大名鼎鼎的人物，或以勢力雄厚或以人材出衆；或以一言不合；或以睚眦之怨；均被毛澤東用最殘酷的方法處死。以上這些不幸的犧牲者，大多數被用梭標戮死以後，拋擲在萬人坑中。夏曦例外，他是被推在一個很深的廢井裏面的這位死得最可憐的仁兄原是毛澤東最好的朋友和助手。他也是湖南人，在湖南的地位，僅次於毛澤東。他一向在湖南負國民黨省黨部的責任，和毛澤東一樣，他曾當選過國民黨的（二屆）中央候補委員，他與毛澤東本來有着最深刻的關係與最深刻的友誼，可是政治鬥爭是殘酷的，毛澤東他們是「理智的」不講感情的，所以夏曦終於死在他的好朋友的手中了。

但是毛澤東一個最重要的鬪爭是對於在上海的中共中央——從李立三到留俄派，從無例外，李立三的專權頗使他傷腦筋，因爲李立三在黨內的聲望與他旗鼓相當，而且在國際職工運動方面，李立三的聲望還比毛澤東高得多。所以反立三路線的大將，表面上雖然是瞿秋白與留俄派，而實際上，躲在幕後的總帥却是毛澤東。因此，反立三路線的勝利，表面上是屬於留俄派，但不久，這個勝利之菓完全呑在毛澤東的肚子裏了。

毛澤東一向對於李立三的中央的戰略是陽奉陰違。他在報告上和電報上對於李立三的中央備極恭順，而在行動上，處處執行他自已的意志。李立三派到「蘇區」裏面的人員，沒有一個擔任重要任務的，甚至有許多在「蘇區」裏「失踪」或在中央軍進剿時「陣亡」了，不過他們「陣亡」得有點奇怪，打死他們的子彈不是由中央軍的槍裏放出來，而是由「紅軍」戰士手中的槍射發出來。在「蘇區」和「紅軍」裏面，這樣莫名其妙的死在他自已同志手中的人是太多了，太多了，好在據說地獄裏面原有一個「枉死城」，那末，他們在地下也算有了歸宿。

現在，毛澤東用着一種完全不同的手段來對付留俄派的中央。這一羣乳臭未乾的「布爾塞維克」

，實在不在毛澤東的眼中，可是他也不想打倒或驅逐他們，而是把他們拿在自己的手中來玩。這一個目的，在毛澤東是不難達到的。他第一步的手段是電請留俄派的中央派幾個『得力幹部』到『蘇區』來工作，於是沈澤民等一批人被派遣到『蘇區』去了。他們都是留俄派的中堅。沈澤民是著名的小說家茅盾（即沈雁冰）的同胞兄弟，本來是一個文學家，翻譯過幾本小說，也曾編輯過上海民國日報的國內要聞，溫柔得像一個女人，對於革命的勇氣一定不及紅樓夢裏的賈寶玉。但自從留俄歸來，轉瞬之間就成爲中共的中央要人，那眞是他以前做夢也不會想到的。可是也該他倒霉，當他與他的夫人張琴秋被首先遣派到『蘇區』以後，毛澤東派他當前委鄂豫皖分會的組織部長。不久，他被宣布爲害黃疸病而死，那眞是一種天曉得的黃疸病。他的夫人後來到了西北，現在情況不明。

除了死的人以外，派到『蘇區』裏面去的留俄派中也有識時務的俊傑，他很迅速地投降了毛澤東，如吳亮平之流。

但是這還不能滿足毛澤東的慾望。第二步，毛澤東打了電報給中央政治局，請求中央政治局決議將中共中央遷移到江西的『中央蘇區』來。理由很多的，第一，他以爲現在『蘇區』與『紅軍』的實力大爲擴充，前委的領導力量已感到不够，所以必須中央遷到江西來集中領導；第二，現在急需要召集全國蘇區大會亦必須中央負責人親自出席指導；第三，上海的『白色恐佈』很厲害，中央設在上海極不適宜，應該趕快遷到『蘇區』來；第四，他提議在『蘇區』召集五中全會，因爲六大以來的歷屆中央全會，在蘇區裏面的中委都不能出席，所以希望五中全會能在『蘇區』召集。

中央政治局接到了這個電報以後大爲驚異。他們做夢也不會想到毛澤東會來這麼一手。不過，他們也是聰明人，他們很快地就看到了這是毛澤東要學曹操，想挾天子以令諸侯，把中央置在自己的勢力範圍下。他們自然不贊成這個提議，而且，在上海多舒服：因爲他們有的是從花旗銀行領來的『花旗票子』（美國鈔票），因而有的是洋房和汽車，有的是摩登女郎，和窮極奢侈的享受，不是嗎？陳紹禹還剛剛從中南銀行裏領到了二十萬，那就是史量才的『罰款』。一到『蘇區』，豈非英雄無用武之地？

於是，中央政治局答覆了毛澤東一個回電，對於來電表示驚異以後，很客氣的拒絕了他的『遷都』的提議。毛澤東自然不肯從此罷休，他又來了一個電報，用比較強硬的態度，請求中央政治局下令『遷都』。這使得中央政治局大爲棘手。他們知道不能以對付李立三的手段來對付毛澤東，因爲他有『紅軍』，有『蘇區』而且現在黨的經費大部分仰給於『蘇區』。得罪了他是不好辦的；不是嗎？毛澤東的第二個電報上就說到蘇區供給黨的經費問題，以爲中央如果遷到了『蘇區』那末一切自然不成問題，否則，以後的經費就沒有方法解到上海來，顧順章就是因爲到『蘇區』來領經費而出毛病的。這不啻是毛澤東以停止經費供給來作爲遷都的要挾。這是很有力量的一拳，擊中了中央政治局的要害。史量才的二十萬元罰款已經入了陳紹禹的私囊（自然，其他的留俄派要人也分贓了一點），第三國際只答應供給很少數的職工運動費，沒有『蘇區』的供給，中央政治局簡直將無法存在。

但是，中央政治局總還想用緩兵之計來緩和毛澤東的要求。他們覆毛澤東第二個電報，說中央遷移地方，關係重大，政治局不能決定，須俟召集五中全會來決定，不過中央政治局在原則上接受遷移的提議，準備在五中全會提出來，大概可望通過，不過在未經全會通過以前，中央政治局不敢擅自決定。

這個電報的措詞是宛轉到了極點，但這並不能打動毛澤東的慈悲心。毛澤東來了一個口氣更嚴厲的電報，那簡直可以說是一道命令。他認爲中央遷移的理由是不能存在的，因爲，當一九二七年春，中央由上海遷往武漢時，並沒有經過中央全會的通過；同年秋，中央由武漢遷回上海時，亦未經中央全會決定。爲什麼這一次要例外地非經中央全會通過不可呢？

中央政治局現在感到一種絕望的悲哀。他們原想用國際的力量來和毛澤東對抗一下，但事實上也很困難，國際也不能不買毛澤東一點面子。而且，現在留俄派中有幾個人倒也想到『蘇區』裏去做紅官，那也未見得不舒服；再說。住在上海雖然舒服，但這個腦袋總是在動搖——現在不比從前了，自從顧順章自首，向忠發被捕以後，中共中央各員，眞是人人自危。因此，有許多人竟贊成了毛澤東的提議。於是，中央政治局就答覆了毛澤東一個電報，原則上接受了遷移的提議，並且，先派楊尙坤（他是留俄派中的要員）到『蘇區』接洽關於『遷都』的警衛及一切事宜。

楊尙坤到了『蘇區』以後，受到了毛澤東的隆重的招待。他完全沒有想到，在這個被嚴密封鎖着的萬山叢中，竟然還能吃到魚翅和海參。而且，『蘇區』又召集了一個羣衆大會來歡迎他，兩個少年的女郎向他獻一束鮮花——啊！那是多麼美麗的鮮花！楊尙坤簡直把『蘇區』看得比天國還更美麗與幸福。於是他立刻打電給中央政治局趕快搬來。毛澤東爲酬報他的殷勤，給了他一個紅官的頭銜——第三軍團的政治委員。

陳紹禹秦邦憲現在也沒有辦法了，中央是非遷移不可了，只是一天挨一天，挨過了一些時候以後，終於由工人階級集中的上海到完全中世紀式的落後的農村荒山中去了。那時是一二八戰事結束還不到一年。

中共的中央到了『中央蘇區』的瑞金以後，毛澤東就下命令把瑞金改為『瑞京』，作為『蘇維埃中國』的『臨時首都』。

現在，這些留俄派的英雄是完全處於毛澤東的指揮刀之下了。毛澤東籠絡了博古（秦邦憲），降服了洛甫（張聞天），冷落了王明（陳紹禹）。陳紹禹現在是很悲哀的，他不能南面稱王，他在『蘇區』是沒有地位的。甚至其他的留俄派要員都在毛澤東的麾下取得了一個或大或小的紅官，而他一無所有。

在毛澤東的意志之下，中共的第六屆中央的五次全會在瑞金召集。在這次會議上，毛澤東正式的取得黨的領導地位。五中全會取消了以前的總書記制度，推舉了九個人組織了一個『書記局』；這九個書記的地位實際上等於九個中央常委。這九個人的名單是：毛澤東，瞿秋白，周恩來，陳紹禹，秦邦憲，劉少奇，楊尚坤，張聞天，項英。在書記局之上有一個政治局，五個常委是毛澤東，周恩來，瞿秋白，陳紹禹，項英。

新的中央實際上是毛澤東的迭克推多制。毛澤東用着專橫的甚至有點野蠻的手段來統治着中共。新中央的分配是這樣的：組織部長秦邦憲（但他只負名義的責任，組織部的實際的大權是在毛澤東的一個親信手中）；宣傳部長張聞天（但一切的大權都在中央黨報編輯委員會，宣傳部只是一個單純的技術機關）；軍事部長周恩來；農民部長×××（我忘其名）；職工運動委員主席項英；中央黨部編輯委員會主席毛澤東：全總黨團書記劉少奇，婦女部長孟慶樹（陳紹禹的愛人）。

陳紹禹不僅沒有在『蘇維埃政府』或『紅軍』裏面做到紅官，而且，在中央，他也只是做一個有名無實的政治局與書記局的委員。他的景況實在是很悲慘的。不久，他就完全被排擠了，正和李立三排擠瞿秋白一樣，他也被遣派到莫斯科做中共駐國際的代表。這自然是給了他一個捲土重來的機會，正和瞿秋白一樣。

五中全會通過了一個荒唐的決議，是『保存幹部決議案』——我一點也沒有寫錯，是保存幹部決議案。『保存』這兩個字實在妙極了。這個決議案裏說：這幾年來的『白色恐佈』，使黨的幹部受了很大的損害，因而決議要把尚未犧牲的幹部『保存』起來。至於怎樣保存呢？這在我們想來實在是一個很困難的事情，因爲我們知道，送到人壽公司去保險是沒有用的；把他們送在保險箱裏儲藏起來，更不是辦法。好在聰明的毛澤東先生想出了一個很好的而且很簡單的方法，就是把所有黨的幹部都集中到『蘇區』來，因爲在『蘇區』，毛澤東有機關槍來保護他們。

這個決議的荒謬是不待解釋，因爲這無異的放棄了黨在『蘇區』以外的工作。但我們都知道，就是『蘇區』的全部面積（包括各地各個零碎的『蘇區』在內）最發展最擴大的時候，也不過中國全部面積的一千七百分之一。而且，所有的都市都不在內。所以放棄『蘇區』以外工作的意義，就是等於放棄全黨的工作。我想，自中共成立以來，直到六屆五中全會，恐怕從沒有一個決議比這更荒謬了。

但是，在毛澤東先生的奸詐的腦子裏，這個荒唐的決議有深刻的意義在。秦始皇在滅六國以後，把天下的富豪都移到咸陽來，豈僅爲壯觀咸陽而已，主要的還是怕他們在外面生事作亂。毛澤東在同樣的用意下想把黨內的人材俊傑，都集中到他的麾下來。因爲，無論怎樣了不起的人，甚至俄國的列寧復生到了中國的『蘇區』的話，恐怕也不能不屈服在毛澤東暴力之下。因此，雖然這個荒唐的決議等於放棄了全黨的工作，但爲了毛澤東個人打算是必要的。

五中全會以後，接着就召集了所謂中國蘇維埃第一次全國臨時代表大會。毛澤東在這個『羣妖會』演了一個最重要的脚色，那是不待說的。他像姜太公封神一樣，完全是在他意志之下，臨時大會選出了一批所謂中國蘇維埃政府的中央委員——簡稱中蘇中委。這張長長的名單是一張二十世紀的封神榜，名字有一二百，或者有三百多，我有點記不起來，因爲我從小就討厭西遊記和封神榜上的那些不近人情的神話，所以沒有仔細看這張新封神榜。在中共黨內凡是稍有名的人都被寫在這張封神榜上，而大多數的名字對於我們是陌生的，這些人就是蘇維埃的英雄，土地革命的先鋒，也就是毛澤東所告訴我們的那些平時遊手好閑連鞋子沒有後跟的流氓地痞——毛澤東所謂農村革命的領導者。

自然，我不能把這張封神榜上的名單背出來，甚至連他們的數目也忘記了。記着這些名字是沒有必要的。

後來不久——一年或二年，我有點記不清了——又召集了所謂中國蘇維埃的第二次全國臨時代表大會，照例地又來了一張封神榜，照例地是毛澤東演着姜太公的角色。而且，這張封神榜上的名單和第一次的名單相差無幾。

我雖然不能背這些名單，但是對於幾個重要『紅官』的官銜却又不能不說一說。

『中國蘇維埃中央政府』（簡稱爲中蘇中央）的負責人的名單是這樣的（第一次臨時大會後和第

二次臨時大會後的名單差不多，所以這裏不分別是第一次大會後或第二次大會後了，好在我們是用讀封神榜的態度來讀，不是在讀二十四史）：

中蘇中央執行委員會主席	毛澤東
同　副主席	項　英
同　副主席	瞿秋白
中蘇中央人民委員會委員長	毛澤東
人民財政委員	林伯渠
人民內務委員	鄧　發
人民外交委員	吳亮平
人民海陸軍委員	朱　德
人民教育委員	瞿秋白
中蘇中央農工福利委員會主席	項　英
中蘇中央最高法庭主席	董必武
中蘇中央革命軍事委員會主席	周恩來
工農紅軍總司令	朱　德

這樣，毛澤東就成爲和他所說的『蘇維埃的中國』的主人了。不是嗎？他簡直比列寧史太林在蘇聯還更偉大。列寧自己只在蘇維埃政府任了一個人民委員會的委員長，中央執行委員會的主席還讓給年

高德劭的加里寧。史太林在蘇維埃政府中只當了一個普通的委員，而毛澤東，卻是蘇維埃政府的主席兼人民委員會的委員長，眞是毛澤東的千古盛事。

十五　「長征」與張國燾的失敗

毛澤東的『革命』雖然成功了，但是中國民族的運命却臨到了更艱苦的階段。九一八事變以後，接着是一二八事變，我們的敵人——日本帝國主義的鐵蹄踏入了中國的領土，使我們開始了五千年民族上一個最艱難的時期。但是，牠却給了中國共產黨一個機會。

在這裏，我們看到了兩種性質截然不同的力量，互爲因果地在侵蝕着中華民族：一種是外來的敵人，日本帝國主義；一種是內在的反動的變相的封建割據勢力，中國共產黨。沒有中共這幾年來大傷元氣的土地革命，九一八事變或者還不致這樣快的就到來了。這個結論是無可懷疑的：就是，八七會議以後的中共的盲動主義傷了中國民族的元氣，因而在客觀上幫助了敵人的武裝侵略。中華民國雖然因敵人的武裝侵略而吃了大虧，但是中共並不吃虧。也許是敵人給中共的酬報：九一九事變與一二八事變給了中共苟延殘喘的機會，而且，甚至給了牠一個發展的機會，尤其是一二八以後。

當一二八戰爭開始後，國民政府計劃從江西和安徽調主力軍到上海來加入作戰，但是這個計劃受到『紅軍』的牽制，以致中央軍竟無法抽調，我不相信毛澤東先生在那時受了日本的收買（我可以保證沒有這樣的事情），可是，事實是這樣：『紅軍』趁中央軍將要開拔到上海去抗戰的機會，就加緊進攻南昌，同時在平漢路南段破壞了一段鐵路。湖北境內的『紅軍』也向武漢蠢動。這種軍事進攻在客觀上正是響應日本在淞滬的進軍。由於『紅軍』的牽制了中央軍的主力部隊就沒有方法從武漢或南昌附近調開。在這一點上，日本軍部與遣派到上海來的侵略軍由衷地感謝了中國共產黨所領導的『紅軍』替他們的『皇帝』盡了別動隊的作用。也正因爲如此，一二八戰爭不能不以淞滬停戰協定來結束。但事後，中共方面却大罵中央政府不抵抗。

一二八事變使中共乘機發展，尤其是在鄂豫皖『蘇區』方面，發展更快。然而在中央軍的幾次圍剿之下，在一二八事變中乘機發展起來的『蘇區』範圍一天天縮小起來。

新的危機也從『蘇區』和『紅軍』的內部發展開來。這是並不奇怪的。任何的寡頭政治都是最黑暗的和最腐爛的政權，毛澤東的政權自然不能例外。凡是極有才幹，在群衆中獲得威信的幹部，照例是不能獲得毛澤東的信任。因爲凡有才幹與德性的人，總是不願意阿諛上層，然而毛澤東所喜歡的却是阿諛。這些有才幹的和在羣衆中有威望的人，在毛澤東簡直是眼中之釘。他深怕因爲別人的卓越而減少了他的權威，甚或取他的權威而代之。因此，這些眞正的人材在毛澤東的麾下受到一種幾乎不能呼吸的壓迫。毛澤東用一批新的，他自己的幹部來代替他們。毛澤東的幹部幾乎是從一個模型裏製造出來的。這些人都是那樣地軟弱，但又是那樣的傲慢——對於毛澤東自然又極盡其卑躬屈節的能事。他們對於馬克思列寧主義當然一無所知，但是一切出風頭和幹壞事情的本事却是一等的。這樣，『蘇維埃政府』和『紅軍』裏面開始腐爛起來。任何一個領袖都過着一種『天天過年，夜夜結婚』的荒唐生活。所謂天天過年者，是他們天天吃的是大魚大肉，像過年一樣（中國人民在過年的時候照例要吃得特別好一點），雖然群衆和大部分黨員長年在饑寒交迫之中。至於夜夜結婚的意義是大家懂得的。

雖然毛澤東爲娶現在這位夫人，還殺死了她的丈夫（那個駝子裁縫），但是每一個『紅軍』和『蘇維埃』的高級人員都可以毫不費力的得到許多女人。雖然後來『蘇維埃政府』『替紅軍的眷屬貼上了封條』），蘇維埃政府後來頒佈了命令，不准與『紅軍』的眷屬講戀愛，在『蘇區』內，這道命令被稱爲『替紅軍眷屬貼上了封條』），但是封條的力量是很薄弱的，『蘇區』的性生活的放弛，達到了一個人類有史以來的最高點。我們並不是站在一個舊禮教的立場上來反對性的自由。不過這種絕對的性的放縱使『紅軍』和中共黨內的紀律墮落到不堪收拾的程度。這樣，從兩方面來削弱了『紅軍』的戰鬪力：一方面是性的放縱的結果是一般的體育墮落到病夫的標準；另一方面，紀律的弛廢也大大地減低了作戰的精神。這種內部危機發展起來，使黨受到很大的威脅，因爲這是心腹之患。

中央軍的進攻愈來愈有力量。現在，不僅別的小蘇區感到威脅，或放棄了，而且也很嚴重地威脅到『中央蘇區』。環境逼着毛澤東不能不找一條新的出路，於是開始了『長征』的動議。毛澤東在中央政治局會議上提出了將中央蘇區遷移到西北去的提案。正和他向當時上海的中央政治局提議遷移到江西一樣，他的突如其來的提案使中央政治局的委員大爲吃驚。然而，經過了他的一番解釋以後；隨即通過了這個提案，而且，江西的『紅軍』就開始向西面移動了。這就是以後的所謂『二萬五千里長征』。

事前，毛澤東先與朱德彭德懷林彪周恩來這四個人商量好後，才在中央政治會議提出，故事前沒有一個人知道。直到軍隊開始移動以後，這些『紅軍』的將領還只知道是去打湖南。

因爲中央軍採取步步爲營的戰略，把毛澤東壓迫得氣都透不過來，所以不能不放棄多年經營的『

蘇區』，開始『長征』；但毛澤東除此而外還另有他的深刻的打算。第一，當然是由於中央軍的壓迫，使毛澤東不能在被他稱爲『中國莫斯科』的『瑞京』立定，而另一個原因，是由於西北革命軍事委員會的發展，引起了毛澤東的眼紅。毛澤東有本領解決在皖西的許繼愼，但是西北太遠了，眞是鞭長莫及。而且，西北革命軍事委員會的主席張國燾也是一個勁敵，而且他在黨內的聲望在某些方面比毛澤東還高得多。毛澤東對於他存着戒心。他是想趁着這個機會到西北去，相機解決了他。這個目的，毛澤東到後來是達到了的。

在江西的所謂『中央蘇區』時，毛澤東對於兩個人深爲忌刻，一個是瞿秋白，一個是項英。這兩個人都是中蘇中央的副主席，他的法定的繼承者，而他們兩個又各有來歷。瞿秋白在黨內的歷史地位是誰都知道，雖以他的庸懦，但他會用他的陰謀來推翻過陳獨秀，而且他與國際又有相當深刻的關係，毛澤東不能不戒備他。項英是一個強幹工人領袖——他是中共黨內除了蘇兆徵以外的最能幹和最有威望的眞正工人出身的領袖。他本是上海總工會的委員長，又是赤色職工國際的執行委員。這個人雖然是一個工人，但他很有幾套手段，非白面書生的瞿秋白可以比較。毛澤東對於他，頗有點不放心。

現在好了，趁此『二萬五千里長征』的機會，把他們兩個人遺棄在江西福建之間的荒山裏。這一次『長征』，無疑是毛澤東的中央的一件大事，他幾乎把所有比較有名的人員都帶走了，單單留下他們這兩位副主席，這在毛澤東是有深意存焉。我們不久就能够看到：皇天不負毛澤東的苦心，瞿秋白不久就在福建的荒山裏被中央軍捕護了，他有着強烈的求生的慾望，但是環境已經不容許再生存下去，於是他在寫了一篇自暴自棄的文章『多餘的話』以後，就從地球上消逝了。用阿志巴綏夫的著名『沙寗』裏面的沙寗的話來說，那倒是一個好事，因爲『地球少了一個傻瓜』。

那篇『多餘的話』的文章，從文字的風格說來倒是很好的，不過這篇文章對於中共無疑是一個打擊，因爲在這裏，我們看到了這個大名鼎鼎的人物的自由是如何的卑微；也可以看到：中共的首腦都是這樣地脆弱。他以讚美中國豆腐的美味來結束了這篇文章——瞿秋白的絕筆。

『二萬五千里長征』這個戲劇的劇情，是悲慘而不是雄壯的。十幾萬人從江西出發，到達陝西時只剩了二三萬人，差不多犧牲了五分之四。因爲這枝軍隊從江西到湖南，過廣西，侵入貴州，經過雲南，竄入西康，掠過四川甘肅和青海寗夏的一部分地方，才到達陝北。其間犧牲之慘，眞有非筆墨所能形容。不過犧牲的都是中下級的人員，尤其是兵士；中級以上的人，可以說一個也沒有損失。這是不足怪的，進軍的時候，他們集中在中間，先頭部隊在前面開路，抵抗擋在前面的官軍；後衛部隊在後面抵抗任何一枝來追擊的官兵；左右翼在左右兩邊掩護着，裏在中間的那些紅色要人們，眞比放在中國銀行的保險箱裏還更可靠得多。

不但這樣。而且他們始終是吃得好，穿得暖，睡得穩。我們知道大部分的『長征壯士』並不是死在戰爭中，而是死在艱難困苦的路上，尤其是過大草原的時候。大草原眞是一個人間的奈何橋——地獄裏最危險的一部分，可是他在毛澤東及其高級幹部面前却是不足道的，因爲他們精神愉快的時候，騎着高頭大馬，顧盼生姿，不僅不以爲苦，而且以此爲人生樂事，所以毛澤東過大草原的時候，還在馬上賦詩，中有『百萬雄師統我領』之句，詩雖粗鄙，可見其得意忘形之概；疲倦的時候，從馬上下來，躺在擔架上，那比林主席上廬山的時候坐的籐轎還更舒服得多。至於下級的同志和兵士把半條以上的腿浸在泥水過大草原的痛苦，他們是想像不到的。我們前面彷彿已經提到過，過大草原的時候單是抬毛澤東夫人的擔架，就整整的抬死了兩連人。此外，我們還可以報告一些小的數目字：『紅軍』過大草原的時候，騎死了一萬五千八百多匹馬，抬死了八千多個抬架隊兵士，至於伙伕挑伕之死在大草原的，那是更多了，更多了！『一將功成萬骨枯』，我欲擱筆無言。

當毛澤東朱德的『長征軍』將要到達陝北的時候，問題發生了，那是一個非常嚴重的問題。西北革命軍事委員會的主席張國燾並不是一個傻瓜。這位江西老俵是一個洞悉人情世故的人，他知道毛澤東先生的來意不善，但他毫不在意，因爲，那時候在他麾下的隊伍差不多有二十萬（主要的將領是徐向前，劉志丹，徐海東等），他知道江西的『紅軍』能否到達西北，大可懷疑；即使能够到達，也一定是損失了大半，而且精疲力倦，而他是以逸待勞，養精蓄銳。他的預料是對的，毛澤東的軍隊雖然到達了甯夏邊境，但是實力已經損失了五分之四，剩下來的也是疲兵不堪再戰。中央軍在後面追趕而來，五馬的軍隊也在分頭襲擊，毛澤東是處在一個非常危險的局勢之下，他拿中央政治局的名義打電報給張國燾，要求他至少遣派十萬精兵（其實張國燾的精兵也不過二三萬人）至甘甯東部邊境來接應。張國燾許可了，馬上派遣他的精兵到他的邊疆上去接應，救出了毛澤東這一夥疲敝不堪的殘軍。

那個時候，第二路的長征軍——從湘鄂西來的賀龍蕭克的部隊——也快到達西北了。毛澤東到了陝北，最初，對於張國燾是很客氣的，他請張國燾做中蘇中央的副主席，取消了瞿秋白。可是，黨權還完全在毛澤東手中。張國燾建議召集六中全會，但被毛澤東拒絕了。張國燾主張以保安爲中共中央和中蘇中央的大本營，但毛澤東却選定了定安(瓦窰)。後來，張國燾已經看到，他自己已經處於一種危險的地位。徐向前的動搖，使張國燾陷於孤立的危境。接着劉志丹也陣亡了，張國燾的力量更零落了，而一向與朱毛接近的賀龍蕭克的隊伍又開到了，於是他格外對毛澤東表示讓步，而且低首下心，以待將來的機會。

毛澤東在定安（瓦窰）建立了他的新根據地。這個地方比瑞金更加落後，可是一切落後的條件都是適合於毛澤東的前後的頭腦。直到後來，張學良的軍隊佔領了瓦窰（定安），毛澤東才把他的大本營移到保安。後來張學良與中共之間成立了某種諒解，張學良把他的軍隊從瓦窰撤退，『紅軍』才又進入了瓦窰，不過毛澤東不再以這個『不祥』的地方作大本營（毛澤東實在是一個迷信家），而把他的大本營移到了膚施——就是水滸傳第一回中，那個教頭王進想去奔投老種經略相公的延安府。毛澤東先生之選中這個地方來作大本營，也許正因為牠是他的先師張獻忠的故鄉之故。

毛澤東的勢力一天天堅固起來，於是他要向外發展了，河對面的山西，那個地方的財富與大同的小脚姑娘打動了毛澤東的冷酷的心，他在中央政治局會議中通過了授權革命軍事委員進軍山西。『紅軍』總司令部立刻動員。大家聽到了打山西都很興奮，因為陝北實在太苦了，而山西的富饒，尤其是那裏的『破鞋』，打動了每一個紅色戰士的心。

利用黃河結冰，軍隊源源不絕的從陝西渡河到山西。因為山西當局事前疏於防範，很快的佔領了山西的許多縣份，包刮最富饒的介休，平遙，榆次，太谷，一直攻入陽曲縣境，衝到了太原附近。

太原，山西的省城，那個在『花月痕』這都小說中被描寫得很美麗的城市，現在是處於一種非常危險的情形下。軍事家都斷定了太原之不能守，於是太原的要人和富室都紛紛往東邊和北邊逃難。太原是陷於一種極度混亂之中。當『紅軍』的前鋒佔據了太原西邊的神岩時，山西的當局決定放棄太原。

太原是完了，大家這樣想。但是「紅軍」忽然紛紛後退了，竟像見首不見尾的神龍一樣，「紅軍」退得比晉軍退卻時的速度更快。他們同時放棄了榆次，太谷，平遙，介休，甚至一直退到了河西，回到他們的陝北的老巢去了。

他們竟這樣忽然退却，眞使大家莫明其妙。後來毛澤東曾透露一個消息，說是當「紅軍」從陝北渡河後，張國燾有在後方策動政變的企圖，所以趕快打電到山西去把軍隊火速抽調回來。是眞是假，祇有毛澤東肚裏明白。然而張國燾却受了監視，他的部下且有多人無故被殺。

「紅軍」雖然沒有佔領太原，而且使毛澤東並不因此蝕本。他從山西取得了大宗的財富。這位仁兄之成爲中國第三位大資本家雖然還是以後的事情，但是山西的掠奪，尤其是太谷的佔領，奠定了毛澤東的大富翁的基礎。眞的，山西是太富饒了。

七七事變發生，張國燾主張與國民黨徹底合作，眞誠履行中共在民國二十六年九月二十二日公布的宣言，這樣又爲毛澤東所惱怒，於是他處於一種悲慘的運命中。他的自由只限於他的住宅內的散步和吸呼空氣。幸而此公也實在是一個很能幹的人，他在絕望的環境中努力掙扎。他眞有本領！毛澤東漸漸相信他已經如孟獲之南人不復反矣，所以他的自由由他的住宅發展到延安城內，由延安城內發展到延安城外，最後甚至發展到了中部縣的黃帝橋陵。從此以後，延安城裏，永遠看不到他。第三天，他出現在西安的西京招待所。過了幾天之後，中共中央宣佈了開除張國燾黨籍的決議，自然還加上一大堆理由，加他一些莫須有的罪名。接着，在「解放」「新華日報」（均中共中央機關報）及「新中華報」（陝甘甯「邊區政府」機關報）上發表了大批中共各級黨部擁護這個決議的文電。這是中共照例一套官樣文章。

張國燾逃出延安，這件事情自然使毛澤東大爲震怒。他生平只有拿當給人家上，可是這一次，他却上了張國燾的當。原來張國燾之到中部，是毛澤東派他代表「邊區政府」於民族掃墓節「清明」去致祭黃陵，他就趁此機會逃跑了。在他逃跑以後，毛澤東除了開除了他的黨籍以外，並且發動了一個大規模的恐怖來屠殺「張國燾派」。

十六、大變化與新階段

在沙土籠罩中的延安，是一個純粹中古時代的使人討厭的舊式的小城市。它的四面懷抱着羣山，這並沒有增加它的美態。我們熟知了南方的羣山懷抱中的城市都是很美麗的，可是我們不能以同樣的印象來想像這個陝北的古城。並不是我有什麼偏見，到過延安的人都知道：延安這個城市是那樣的卑陋，而延安城外的羣山又是那麼地醜惡！

但的，毛澤東却在這個可厭的城市裏面建立了他的柏拉圖式的王國。這並不是偶然的，我們似乎已經說過：毛澤東的落後的頭腦，只有在這個落後的土城中才能得到滋養。的確，延安土壤的氣息是最適合於毛澤東的落後的胃口的。

延安雖說是一個古城，但牠在中國歷史上也沒有起過很重要的作用。這個土城裏以前產生過一個張獻忠，現在來了一位毛澤東，這眞是延安地方誌上的一對標準的姊妹花。

一九三四年十二月間的一個夜裏，在大雪紛飛的延安，溫度降低到華氏九度（攝氏早在零下了），可是這並不能使毛澤東感到痛苦，他的臥室與辦公室聯着的兩個房間內，煤炭的火焰把這兩個房間內的溫度提高到使坐在裏面的人穿上一件夾衣就够了。的確，毛澤東只穿着一件夾衣（於是延安流行着一種關於毛澤東的儉德傳說，說他冰天雪地的時候還穿着夾衣。這是一個事實。但我們知道上海的那些濶太太小姐們實在比毛澤東還更儉樸得多；她們於大雪紛飛的晚上，在跳舞廳裏穿着半裸的薄薄的單衣。），而且滿面大汗。他正在主持一個中央政治局的會議。而且用他的始終不變的湖南腔來一個報告。他的夫人坐在會議棹的旁邊不遠的一個地方，露出了一隻年高德劭的奶子來給小孩吃乳。毛澤東不停地用手帕來拭去頭上的大汗，嘆息地說：「炭火眞討厭，有水汀就好了。」偏偏他的那位荒村裏的駝子裁縫夫人出身的太太不知道什麼叫做水汀。於是毛澤東又停止了他的報告，向着他的夫人解釋什麼叫做水汀。其他的那些政治局委員（都是一些紅色的要人）都在旁邊用阿諛的眼光望着他們夫婦倆的粗蠢的對話。

在這幅圖畫中，我們不僅看到了毛澤東的儉德，也看清楚了他是怎樣地把黨拿在他自己手裏玩。就是在這一夜的會議上，通過了一個有名的「黨的十二月決議」。我相信在我這本小冊子的讀者中一定有人讀到過那篇黨的十二月決議。在這決議裏面，中共中央以一種怒髮沖冠的憤慨，大罵中央政府爲「賣國政府」，表示只有中共才能抗日。

但是眞怪！事情是變得這樣快呀。當我們讀過了「黨的十二月決議」的半年以後，我們又讀到了一九三五年的中共中央的「八一宣言」。這兩個文獻是由一個黨的中央政治局發出來的，時間的隔離也只半年多，而內容是多麼的不同！在十二月決議裏面，寫着只有紅軍蘇維埃才能抗日，但是八一宣言中卻說願意爲了抗日而自動取消紅軍和蘇維埃；十二月決議中，大罵中央政府賣國政府，而八一宣言中卻又說願意擁護中央政府了。眞怪，變化得這樣快！

八一宣言在中共的歷史上是一個很重要的轉變點——他是由左傾機會主義轉變到右傾機會主義的分界碑。自然這個突如其來的變化，如果一探尋根源，就絲毫也不足怪了。列甯在他的名著「共產主義左派幼稚病」第四章說得清清楚楚。他說一些反動的小資產階級的「社會主義」者在左傾的時候會左傾到像瘋狂一樣，忽然之間，又右傾起來，而右傾得比任何時髦的資產階級還更右傾得多。不是嗎？列甯遠在二十年前就已經替我們的中共繪下了牠的眞容了。

如果讀者以爲我的解釋還過於抽象，那末，我還可以解釋得更具體一點。

八一宣言之表現了一種突然的轉變，是基於下列兩個原因：第一：是由於國際的轉變；第二：是由於中共的「紅軍」與「蘇維埃」處在一種日暮途窮的悲境。

關於這兩點，我實在不願意詳細來說明，尤其是第一點，那需要說得很長。簡單的說：是由於第三國際的寡頭政治的統治與機會主義的國際路線，一方面斷送了德國的革命，使希特勒上了台，而且鞏固了他的政權，開始威脅了蘇聯；另一方面，他們在遠東的機會主義政策不僅使日本佔領了中國的東北四省，而且，由於中東路的出讓，更鞏固了日本的佔領，而且開始威脅到蘇聯的遠東領土。在這東西兩邊受敵的情形下，不能不改變他的策略，於是他採取了一種新的戰略。由第三國際的第七次大會過通了的新戰略是對於國際資本主義大大的讓步——不僅聯略第二國際社會民主黨，而且向國際資產階級乞憐。這就是他們用「人民陣線」和「和平陣綫」的口號來對付法西斯蒂。我們很快就可以看到，西班牙和法蘭西是在這兩個口號之下被葬送了。

這個口號自然也到了中國。這是八一宣言轉變點的第一個動力，不過在這裏面，我們不想多作理論的說明。

至於紅軍的日暮途窮，在當時是很明顯的。中央軍正在大批的到西北來，而「紅軍」的內部又鬧着分裂，所以國際的新指示來得正好，中共中央就很迅速地轉變了他們的論戰。現在，他們是由一種極端的左傾機會主義轉變到一種極端的右傾機會主義。他們甚至比康有爲還更右傾了。

我們可以看到，八一宣言以後，上海的那些所謂左翼文化人員表現如何不堪的醜態！普羅列塔利亞文學運動是被宣告了死刑，代之而起的據說叫做國防文學。於是，在許多的文化部門都來了，有「國防」電影，有「國防」詩歌，有「國防」戲劇，有「國防」藝術，有「國防跳舞」，所缺乏的大概就是一個「國防××」。

國防是重要的，但是中共所領導的「國防文學運動」是不堪。幾個油頭粉面的「左翼作家」坐在大光明戲院看遠東第一輪的美國浪漫肉感片子，出來以後寫一篇「影評」，這就叫做「國防」影評！凌鶴是這一類人中最有名的也是最無恥的一員。用一個荒唐的故事來編一個荒唐的劇本，叫做「賽金花」，這就是「國防劇本」。左翼作家提出了一個「不與高麗女子跳舞」。這就是「國防跳舞」！此外，標榜幾部「金瓶梅」之類的淫書，到恩派亞戲院去看淫角白玉霜的淫戲——硼硼劇（所謂「十二文學青年」的胡風黃源這一群人的日常課題），這些都在「國防文學」領域之內。嗚呼！國防文學；哀哉！國防文學！

他們又提倡舊禮敎，甚至公開的響應擁護孔家店。毛澤東自己是一個舊道德的提倡者，雖然殺了別人的丈夫而奪取他的女人爲妻子未必爲舊道德所允許，但這是不關重要的。

中共在八一宣言的轉變以後，其復古反動，達到了一個可驚的高潮，但我們不想在這裏寫中共的思想史，所以關於這些，我們不想多寫。

中央軍對中共的包圍線一步一步的縮緊，毛澤東已成了甕中之鱉，然而，意外的，却有人來解救他。現在，張學良楊虎城來解救他——雙十二事變使趨於末路的『紅軍』得救了。

不久，蘆溝橋事變與八一三抗戰相繼發生。中共對於政府表示了改過的決心，取消了紅軍與蘇維埃，停止了土地革命，並且放棄了共產黨主義與階級鬥爭的宣傳，更進而『信仰三民主義』。在這樣的條件之下，在延安我們又可以看到了一九二七年在武漢張貼過的標語：『國共兩黨合作到底』。這自然是一件好事，不過，不過……

『紅軍』現在名義上是取消了，而實際上卻還是保持着牠的舊有的一切，雖然牠是在不斷演變中。從對抗敵人的關係來說，從抗戰開始到現在，牠已經演變了幾個階段：第一個階段是游擊殺人。雖然如『血戰平型關』之類的宣傳過於誇大，但無論如何，我們知道在最初這個階段內，中共的軍隊的確對敵人開過槍。第二個階段是游而不擊。因爲『灰軍』（請原諒我撰出這樣一個杜造的名詞。因爲

『紅軍』取消以後，雖還保持以前『紅軍』的實質，但外表上是灰色的，所以我就稱它為灰軍；也就是說：灰軍者以前之紅軍也。）在表面上雖然還在山西打游擊，而且由山西更進入到河北山東和察哈爾，但現在他們比以前聰明得多，他們一見敵人就跑，而且跑得很遠。自然，以後再不會有『大戰平型關』一類的戰功了，他們雖然還在『游』，但已經不『擊』了，所以灰軍的第二階段是游而不擊。

灰軍的第三個階段是不游不擊。這自然比第二個階段更進步了。因為游而不擊雖然沒有什麼損失；但單是『游』就已經很辛苦。現在他們是更有辦法了，佔據了山西的五台山的一部分來作『晉察冀邊區』的根據地，在這裏，刼掠來的糧食是吃不完的，又開了『銀行』來吸收法幣（這完全是從敵人和漢奸那裏學來的一套），再用不到游，自然更用不到擊了。

灰軍的第四階段是游擊中央軍。他們又來游擊了，不過對象已經不是敵人，而是國軍——中央軍。我們不敢說，灰軍是接收了敵人的多少運動費（因為我們沒有證據，不敢斷言）才來與中央軍對敵，不過灰軍這種行動實在是在客觀上幫助了敵人，我們都知道：張蔭梧鹿鍾麟在河北，沈鴻烈在山東，上官雲相在江蘇，他們都是政府的大員，眞正的在抗日，是敵人的敵人。但是，灰軍卻向他們武裝進攻（絕對不是由於誤會，而是一種有計劃的敵對行動）。說到這裏，我實在不忍再說下去。

好吧，現在讓我們來改變題材，談一談抗戰以來的延安。

有一個時期，全國的青年的大部分人，簡直把一個古老的城市看成是一個天國，是一個新的麥加。我們也聽到了從一個落後的土城裏所發出來的呼喊，例如，要求抗戰到底呀，提高民主精神呀，種種不一。其實呢，中國現在只有一個地方是不抗戰的，而且是完全沒有民主的，那就是以延安為中心的『陝甘寧邊區政府』統轄之下的這一片灰色的領土上。

這裏是一個奇怪的國土——偉大中國裏面一個封建割據的小王國，不過它披上了一件灰色的革命外衣，它在表面上擁護中央政府，實際卻視中央如仇敵。中央的法令在這裏是行不通的，因爲這裏既是一個眞正的封建王國，這裏有這裏的法令。

這裏是喊抗戰到底喊得最響的一個地方，但中華民國也只是這片領土上沒有抗戰，而且連抗戰的意識也沒有。自然，並不是說這裏是一個『非武裝區域』，恰恰相反，這裏是一個武裝最積極的區域，但他們武裝的對象並非敵人，而是敵人的敵人——我們的國軍。

這裏是一個最黑暗的最沒有民主精神的地方，因爲毛澤東的統治是一種最專制的寡頭政治。毛澤東用着比希特勒還專制的手段統治着陝北，因而這裏是一個比地獄還黑暗的地方。這裏是世界上囚人最多的地方，甚至於我們可以說整個的陝北是一座偉大的集中營。這裏當然沒有自由，甚至於可以說這裏看不到陽光。

這裏是一個文化最落後的區域，雖然據毛澤東自己說，這裏是一個『最前進』區域，但這裏除了充滿了不識字的布爾塞維克以外，什麼都沒有。

不識字的布爾塞維克！這不僅是一個偉大的名詞，而且是一種奇怪的武裝；他們有着等於零的腦子，因而他們除了喊毛主席萬歲以外，什麼都不懂。這就是現在的中國共產黨的基礎，也就是毛澤東的衞隊。

我沒有學過痲衣相術，也沒有學過算命。我不想在這裏替中共和毛澤東先生來算命。不過，我研究過馬克思主義。從馬克思主義的觀點來看，中共和毛澤東實實在在是馬克思主義的敵人。而且，從一個正確的社會科學的觀點來看，現在的中共以及牠隸屬的一切，只不過是這個大時代中的一股逆流。毛澤東先生還能够活幾年，雖然不是我所能算得出來，但是，這股逆流之消逝，並不需要很久的時間。這也就是說：中共的失敗甚至消滅，將是最近將來的事情，因爲時代的車輪總是在向前進的。在這裏，讓我帶住了我自己的感情，並且勸親愛的讀者用冷靜的頭腦和銳利的的目光來看。

『歷史產生了反動的力量，也很快地呑蝕了這種力量。』——這是一位十九世紀的大思想家的名言，讓就拿這句話來作我一本小册子的結論。

血歷史81　PC0666

新銳文創
INDEPENDENT & UNIQUE

紅色舞台：

毛澤東的崛起
（復刻典藏本）

原　　著　李　昂（朱其華）
主　　編　蔡登山
責任編輯　洪仕翰
圖文排版　江怡緻
封面設計　葉力安

出版策劃　新銳文創
發 行 人　宋政坤
法律顧問　毛國樑　律師
製作發行　秀威資訊科技股份有限公司
114 台北市內湖區瑞光路76巷65號1樓
電話：+886-2-2796-3638　傳真：+886-2-2796-1377
服務信箱：service@showwe.com.tw
http://www.showwe.com.tw
郵政劃撥　19563868　戶名：秀威資訊科技股份有限公司
展售門市　國家書店【松江門市】
104 台北市中山區松江路209號1樓
電話：+886-2-2518-0207　傳真：+886-2-2518-0778
網路訂購　秀威網路書店：http://www.bodbooks.com.tw
國家網路書店：http://www.govbooks.com.tw

出版日期　2017年7月　BOD一版
定　　價　280元

Printed in Taiwan

國家圖書館出版品預行編目

紅色舞台 :毛澤東的崛起(復刻典藏本) / 李昂(朱其華)原著 ; 蔡登山主編. -- 一版. -- 臺北市 : 新銳文創, 2017.07
面 ;　公分. -- (血歷史 ; 81)
BOD版
復刻典藏本
ISBN 978-986-5716-99-8(平裝)

1.中國共產黨 2.政治鬥爭 3.歷史

628.266　　　106006801

讀者回函卡

感謝您購買本書，為提升服務品質，請填妥以下資料，將讀者回函卡直接寄回或傳真本公司，收到您的寶貴意見後，我們會收藏記錄及檢討，謝謝！如您需要了解本公司最新出版書目、購書優惠或企劃活動，歡迎您上網查詢或下載相關資料：http:// www.showwe.com.tw

您購買的書名：________________________________

出生日期：________年________月________日

學歷：□高中（含）以下　□大專　□研究所（含）以上

職業：□製造業　□金融業　□資訊業　□軍警　□傳播業　□自由業

□服務業　□公務員　□教職　□學生　□家管　□其它____

購書地點：□網路書店　□實體書店　□書展　□郵購　□贈閱　□其他

您從何得知本書的消息？

□網路書店　□實體書店　□網路搜尋　□電子報　□書訊　□雜誌

□傳播媒體　□親友推薦　□網站推薦　□部落格　□其他__________

您對本書的評價：（請填代號　1.非常滿意　2.滿意　3.尚可　4.再改進）

封面設計____　版面編排____　內容____　文／譯筆____　價格____

讀完書後您覺得：

□很有收穫　□有收穫　□收穫不多　□沒收穫

對我們的建議：________________________________

____

____

____

請貼
郵票

11466
台北市內湖區瑞光路 76 巷 65 號 1 樓

秀威資訊科技股份有限公司 收

BOD 數位出版事業部

（請沿線對折寄回，謝謝！）

姓　名：＿＿＿＿＿＿＿＿＿＿　年齡：＿＿＿＿　性別：□女　□男

郵遞區號：□□□□□

地　址：＿＿＿＿＿＿＿＿＿＿＿＿＿＿＿＿＿＿＿＿

聯絡電話：(日)＿＿＿＿＿＿＿＿＿＿(夜)＿＿＿＿＿＿＿＿＿＿

E-mail：＿＿＿＿＿＿＿＿＿＿＿＿＿＿＿＿＿＿＿＿